국민 야참

이미경 지음

퇴근 후에 후다닥
살 안 찌는 야식

상상출판

Prologue

야참, 이제 만들어 먹을래요?

더위에 지쳐 잠 못 드는 여름밤, 유난히 밤이 긴 겨울밤, 살랑살랑 바람이 좋은 봄과 가을밤. 매일 밤이면 생각나는 것이 야참입니다.

어릴 적 온 동네에 다 들리도록 큰 소리로 "메밀~~~묵! 찹쌀~~~떡!"을 외치던 메밀묵 파는 아저씨의 목소리는 고요하고 긴 밤의 정적을 깨는 더없이 반가운 소리였습니다. 빼꼼히 문을 열고 산 메밀묵과 찹쌀떡은 온 가족에게 최고의 야참이었습니다. 소박하지만 밤의 허기를 잠 재워주는 정직한 야참이 있어 즐겁고 행복했던 시절이었습니다. 지금이야 전화 한 통이면 만한전석이 부럽지 않은 다양한 배달음식을 주문해 먹을 수 있지만 어쩐지 어릴 적 밤마다 기다리던 그 맛은 아닌 것 같아요. 배달음식은 기름진 것이 많고 정체를 알 수 없는 양념들로 버무려져 먹고 나면 편안해야 할 잠자리가 오히려 불편해집니다.

밥상의 진정한 명품은 조금 부족해도 집에서 직접 만들어 먹는 음식이라고 생각합니다. 바쁘게 지내다 보니 어쩌다 저녁을 거른 이들에게는 저녁밥으로, 공부하느라 늦은 밤까지 애쓰는 아이들에게는 간식으로, 더위에 지치거나 하루의 스트레스를 풀어줄 시원한 맥주 한 잔이 필요한 이들을 위해서는 건강한 술안주로 추천하고 싶은 음식들을 한 권의 책으로 엮었습니다. 『우리집 술안주』에 소개했던 먹어도 살이 찌지 않는 건강한 요리를 중심으로 스무 가지 남짓한 새로운 요리를 더했습니다. 집에 늘 있는 친근한 재료로 만든, 밥 대신 먹어도 좋은 가벼운 음식들이 여러분의 출출한 밤을 기분 좋게 채워주길 바랍니다.

과식을 부르지 않는 건강한 야참으로 하루를 즐겁게 마무리하고 행복한 하루를 시작해 보세요.

이미경

이 책의 계량법

밥숟가락 &
종이컵
계량법

가루 재료 계량하기
소금, 설탕, 고춧가루, 후춧가루, 통깨…

 1은 밥숟가락으로 수북하게 떠서 위를 편평하게 깎은 양

 0.5는 밥숟가락 절반 정도의 양

 0.3은 밥숟가락 1/3 정도 담은 양

장류 계량하기
고추장, 된장…

 1은 밥숟가락으로 수북하게 떠서 위를 편평하게 깎은 양

 0.5는 밥숟가락 절반 정도의 양

 0.3은 밥숟가락 1/3 정도 담은 양

액체 재료 계량하기
간장, 식초, 맛술…

 1은 밥숟가락을 가득 채운 양

 0.5는 밥숟가락 절반 정도의 양

 0.3은 밥숟가락 1/3 정도 담은 양

종이컵으로 액체 재료 계량하기

 1컵은 종이컵에 가득 담은 양으로 200㎖에 조금 부족한 양

 1/2컵은 종이컵의 중간 지점에서 살짝 올라오도록 담은 양

기억해두세요!
다진 마늘 1쪽 = 0.5밥숟가락
다진 파 1/4대 = 2밥숟가락
다진 양파 1/4개 = 4밥숟가락

1.5는 한 숟가락 + 반 숟가락.
약간은 엄지와 검지로 소금이나 후춧가루를 집을 수 있는 정도의 소량. 약간이라 표기되어 있어도 입맛에 맞게 간을 조절하세요.

Contents

Prologue 002
이 책의 계량법 003
야참에 필요한 기본양념 008

10분 야참
[Recipes 24]

나도 호떡 012
짭짤한 떡구이 013
청포묵무침 014
토마토 바질 냉채 015
치킨집 샐러드 016
양배추볶음 017
서비스 샐러드 018
올리브 오이샐러드 019
다이어트 샐러드 020
생두부와 양념장 021
낫토 비빔밥 022
녹찻물밥 오차즈케 023
가지볶음 024
양반집 대추 수삼튀김 025
두부 조개찜 026
바다향 술찜 027
오징어구이와 별미 마요네즈 028
오징어 버섯전 029
북어 고추장구이 030
속풀이 누룽지 031
모둠 치즈 032
브리 치즈와 호두 033
건성건성 사과칩 034
일식당 주방장 음료 035

20분 야참
[Recipes 67]

토마토 소스와 바게트 피자 038
깍두기 토스트 039
카레 우동 040
연륜 있는 묵은지 쌈밥 041
참치 마요 주먹밥 042
건강보험 검은깨죽 043
북어죽 044
채소죽 045
미역 된장죽 046
한 꼬치 두 꼬치 대파 참치꼬치 047
감자 칠리구이 048
꽈리고추 삼겹살구이 049
꽁치구이 050
본전 뽑는 빙어구이 051
아무나 만드는 채소 피자 052
연근 죽염구이 053
두부에 끼인 쇠고기구이 054
닭꼬치구이 055
춘권구이 056
허브 고갈비 057
토마토 강낭콩 샐러드 058
마 된장샐러드 059
마늘구이 샐러드 060
토마토 땅콩 샐러드 061
새우 샐러드 062
아무 버섯이나 샐러드 063
참치 샐러드 064
칼슘 샐러드 065
다크써클용 연어샐러드 066
오이 와사비롤 067
단호박 들깨무침 068
달래 사과무침 069
도토리묵 무침 070
브로콜리 깨 된장무침 071
시금치 깨 소스무침 072
조개 미나리무침 073
두부와 버섯 소스 074
매실 오이냉국 075
수삼 봄나물냉채 076
해초 미역나물 077
명란을 채운 연근 078
연근절임에 싼 채소 079
저칼로리 콩조림 080
입에 녹는 가지조림 081
가자미찜 082
새우 실파 달걀볶음 083
조개 채소볶음 084
뿌리채소 두부볶음 085
말린 묵볶음 086
들깨와 땅콩강정 087
양파튀김 088
투 플러스 매운 장떡 089
표고버섯 나물전 090
옥수수전 092
어른 잡채 093
골라 먹는 어묵꼬치 094
조개탕 095
연두부 명란젓찌개 096
홍합탕 097
콩나물 사랑한다라면 098
옥수수 살사와 스낵 099
이자카야 달걀말이 100
연두부 달걀찜 101
레몬 주스에 절인 광어회 102
뼈 건강 뱅어포칩 103
오이 크림치즈샌드 104
모둠 타르트 105

30분 야참
[Recipes 81]

채소 라이스페이퍼롤 108
채소구이 샐러드 109
닭고기냉채 110
두부 부추샐러드 111
소바 채소샐러드 112
오징어튀김 샐러드 114
해초 오징어냉채 115
모두 먹는 나물김밥 116
햄 초밥 117
쇠고기덮밥 118
뜨거운데 시원한 굴국밥 119
콩나물국밥 120
시금치 조개죽 122
곡물 호박죽 123
땅콩죽 124
아욱 된장수제비 125
미역 옹심이 126
카레 수프 128
감자 콩수프 129
조개 수프 130
달걀 김치오믈렛 131
명란젓 스파게티 132
에그누들볶음 133
쌀국수볶음 134
골뱅이 무침과 소면 135
느끼하지 않은 과일 채소잡채 136
김치 우동 138
김치를 올린 소면 139
열무김치 비빔 국수 140
냉메밀국수 141
짬뽕탕면 142
사천탕면 143
스위스 감자전 144

감자 속에 굴있다전 145
우리동네 해물파전 146
배추전 147
주안상 삼색전 148
단호박전 150
총명한 메밀총떡 151
콜리플라워구이 152
삼치 마요네즈구이 153
닭가슴살 버섯구이 154
돼지고기 된장구이 155
버섯 떡갈비 156
북어갈비 158
불고기꼬치 159
톡 톡 튀는 알탕 160
두유 샤브샤브 162
두부 돼지고기찜 164
단아한 우럭찜 165
오징어 북어찜 166
속이 궁금한 유부 주머니 168
닭봉조림 169
쇠고기 오징어조림 170
껍질밤조림 172
새송이버섯 돼지고기조림 173
해물 누룽지탕 174
해물 떡그라탱 176
해산물과 레몬 소금 177
애호박 납작만두 178
짝퉁 비빔만두 180
사계절 회무침 181
주꾸미 삼겹살볶음 182
두부 버섯볶음 184
매시드 포테이토와 김치볶음 185
문어 간장 튀김 186
황금 표고버섯튀김 187
올리브튀김과 토마토 소스 188
참치 타워 189

찹스테이크 190
햄버그 스테이크 192
소시지 크레이프 194
대파 쪽파 실파 피자 195
퀘사디아 196
감자 크로켓 198
고구마 팬케이크 199
양파 그라탱 200
뉴요커 핫도그 202
통고구마와 허브 버터 203
짭조름한 누룽지 204
색색 카나페 205

40분 야참
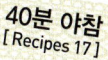
[Recipes 17]

허브 갈릭치킨과 감자 208
오렌지 닭고기 샐러드 210
3종 주먹밥 진지, 메, 수라 211
굴튀김과 참깨 소스 212
과일 편채와 돼지고기 안심 214
삼색밀쌈 216
사이좋은 탕평채 218
코다리 콩나물찜 219
고등어 김치찜 220
길쭉길쭉 떡갈비 222
우엉 들깨탕 224
피시 앤 칩 226
오코노미야키 228
두부 스낵 230
진짜 새우 크래커 231
허브 스콘 232
올리브 쿠키 233

50분 야참
[Recipes 11]

상큼한 돼지고기찜 236
꽃게 커리볶음 237
원할아버지 보쌈 238
삼겹살 청경채찜 240
사태 떡찜 242
두부와 부추김치 244
생선 레몬구이 245
한국식 스테이크 246
불고기 키쉬 248
심심할 때 치즈 스틱 250
기름기 없는 호떡믹스 고로케 251

index 252

야참 선생의 맛 공식

야참에 필요한 기본양념

깊은 맛의 기본, 장류

간장 종류나 명칭이 다양하여 요리 초보를 힘들게 하는 간장. 조선간장, 국간장, 청장, 집간장은 집에서 만든 간장을 부르는 명칭이다. 집간장은 맑고 짠맛이 강한 편이라 주로 국이나 찌개 양념에 사용한다. 시판 간장으로는 국간장, 양조간장, 진간장, 조림간장, 향신간장 등이 있다. 양조간장과 진간장은 진하면서 단맛과 감칠맛도 나 조림, 볶음, 구이 등에 다양하게 이용된다. 특히 양조간장은 진간장에 비해 맛이 담백하고 가벼워 조림, 볶음 등에 주로 쓰고 겉절이나 드레싱을 만들 때도 즐겨 쓴다. 진한 맛을 원할 때에는 진간장을 사용하면 된다.

된장 전통 방식의 한식 메주된장과 개량식 메주된장으로 만들어 구수함과 부드러운 맛이 잘 어우러져 깊은 맛이 나는 제품을 주로 사용하고 있다. 된장찌개, 매운탕에도 잘 어울리고 나물 요리에 넣으면 깊은 맛이 난다. 또 집에서 직접 담가 먹기도 하는데, 집된장은 약간 탁한 맛과 짠맛이 강해 시판 된장과 섞어서 사용하기도 한다.

고추장 고추장 본연의 맛깔스러운 빛깔과 맛있게 매운맛을 느낄 수 있는 우리 쌀로 만든 태양초 고추장을 즐겨 쓴다. 재래식 고추장의 빛깔을 띠면서도 고추장의 달고 텁텁한 맛이 없는 게 특징. 매운맛의 정도에 따라 순한 맛, 덜 매운 맛, 보통 매운맛, 매운맛, 매우 매운맛 5가지 맛으로 나뉘어 있어 선택의 폭이 다양하다.

맛의 기본, 소금과 설탕

천일염 소금은 김치를 절일 때 사용하는 호염(천일염), 일반적인 굵기의 꽃소금, 맛을 가미한 맛소금, 그 외에 다양한 기능을 첨가한 기능성 소금 등이 있는데 다양한 요리에 가장 편하게 사용할 수 있는 소금은 천일염 중 요리용으로 만든 중간 입자를 사용한다. 천일염 특유의 깔끔하고 자연스러운 맛이 음식의 풍미를 살려준다.

흰 설탕 요리의 색에 따라 흰 설탕과 황설탕, 흑설탕을 가려 쓰는 지혜도 필요하다. 사탕수수에서 추출한 원당을 정제하여 만든 흰 설탕은 설탕의 제조 과정에 가장 먼저 만들어지는 순도가 높은 깨끗한 설탕이다. 약밥이나 수정과 등의 색깔 있는 요리가 아니라면 흰 설탕은 대부분의 요리에 두루두루 쓸 수 있다.

기본양념

고춧가루 가을 햇볕에 직접 말린 태양초를 이용하면 빛깔도 좋고 매운맛도 잘 살지만 직접 말린 고춧가루가 없을 때에는 구입하여 사용하고 있다. 경북 영양 고추를 100% 사용해 만든 고춧가루를 즐겨 쓰는데 빛깔이 곱고 매운맛이 적당하며 양념용과 김치용 2가지가 있어 용도에 따라 나눠 사용할 수 있다. 고춧가루는 더운 여름철에는 냉장고에 보관해야 고운 빛깔과 맛을 잃지 않는다.

식초 곡물식초, 과일식초 등 다양한 식초가 있는데, 깔끔하고 상큼한 맛이 나 여러 가지 요리에 다양하게 넣을 수 있는 사과식초를 즐겨 쓴다. 신맛이 강하고 물이 생기지 않게 요리하는 무침류에는 2배식초, 3배식초 등을 이용하면 좋다.

참기름 참깨를 구입해 방앗간에서 직접 짠 참기름과 시판 참기름을 함께 쓰고 있다. 시판 참기름은 100% 참깨만을 사용해 은근한 온도에서 오랫동안 볶아 고소한 맛이 진한 제품을 즐겨 쓴다.

요리당 흐름성이 좋아 사용이 편리하고 요리할 때 잘 타지 않고 윤기가 돌며 식어도 잘 굳지 않는 요리당. 볶음용, 조림용 외에 고기를 재울 때나 생선 요리에도 활용한다.

소스류

참치진국 번거롭게 육수를 낼 필요가 없는 간편한 맛국물이다. 양조간장에 참치 추출액과 다시마, 표고버섯, 채소 등을 넣어 감칠맛이 난다. 국이나 탕, 조림, 볶음 요리에 넣어 먹는다.

멸치 한스푼 따로 육수를 내지 않아도 멸치 육수 대용품으로 국이나 무침 요리의 간을 맞추는 과정을 한 번에 해결할 수 있는 소스.

참치 한스푼 순살 참치액에 버섯, 양파, 마늘, 생강 등의 재료로 맛을 낸 소스. 참치 특유의 맛은 나지 않으며 국물 요리나 무침, 볶음 요리에 한두 숟가락 넣으면 감칠맛이 난다. 액상 타입이라 나물 요리에도 쉽게 사용할 수 있다.

해물 한스푼 오징어, 꽃게, 새우, 홍합, 멸치 등의 해물을 진하게 우려낸 시원하고 개운한 맛이 나는 소스. 해물탕이나 칼국수 등을 국물 요리에 넣으면 깊은 맛과 감칠맛이 난다.

원물산들애 쇠고기 쇠고기와 무, 양파, 표고버섯 등 원물로만 만든 맛내기로 국이나 탕 요리에 넣는다. 따로 육수를 내지 않아도 되어 간편하다.

굴소스 굴 추출물로 만든 굴소스는 중국 요리뿐만 아니라 한식에도 잘 어울린다. 볶음, 조림, 구이, 덮밥 요리 등에 활용할 수 있고 기호에 따라서 매운맛 굴소스를 사용한다.

캡사이신 소스 밀양의 청양고추와 고추의 매운맛 성분인 캡사이신으로 만든 화끈하게 매운 소스. 칼칼하면서도 텁텁하지 않고 깔끔하게 매운맛을 내는 요리에 사용하면 좋다. 단, 고추의 매운맛만을 모아 만든 제품이기 때문에 식성에 따라 적당한 양만 넣는다.

Recipes 24

10분 야참

나도 호떡

재료

견과류(아몬드, 해바라기씨, 호박씨 등) 적당량
토르티야 2장
황설탕 2
피자 치즈 1컵

대체 식재료

토르티야 ▶ 식빵

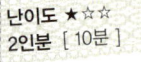
난이도 ★☆☆
2인분 [10분]

견과류는 적당량을 준비하여 굵직하게 잘라 마른 팬에 살짝 볶아 잡냄새를 없앤다.

토르티야 2장은 기름을 두르지 않은 팬에 앞뒤로 살짝 굽는다.

토르티야의 절반에만 황설탕 2를 골고루 나누어 뿌리고 견과류, 피자 치즈 1컵을 얹어 반으로 접는다.

팬에 넣어 치즈와 황설탕이 녹을 때까지 약한 불로 구워 먹기 좋은 크기로 자른다.

주재료

가래떡 2줄
식용유 적당량
김 1장

떡 양념 재료

간장 2
맛술 0.5
물엿 0.5
참기름 1

짭짤한 떡구이

김은 김밥용 김처럼 약간 도톰한 것으로 사용하고 살짝 구우면 질기지 않게 먹을 수 있다.

난이도 ★☆☆
2인분 [10분]

1. 가래떡 2줄은 딱딱한 것은 물에 담가 불렸다가 물기를 제거한 후 6cm 길이로 자른다.

2. 간장 2, 맛술 0.5, 물엿 0.5, 참기름 1을 섞어 가래떡에 버무린다.

3. 팬에 식용유를 두르고 양념한 가래떡을 노릇노릇하게 굽는다.

4. 김은 3cm 길이로 길쭉하게 잘라서 구운 가래떡에 돌돌 만다.

청포묵 무침

재료
청포묵 1/2모
홍고추 1/4개
통깨 0.5
소금 약간
참기름 1
구운 김가루 2

대체 식재료
청포묵 ▶ 도토리묵, 동부묵, 메밀묵

냉장 보관한 청포묵은 채썰어 끓는 물에 살짝 데치고 말랑말랑한 청포묵은 그대로 양념한다. 청포묵은 간이 잘 배지 않기 때문에 짭짤하게 간을 하는 것이 좋다.

난이도 ★☆☆
2인분 [10분]

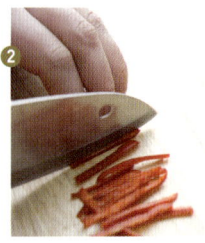

1. 청포묵 1/2모는 가늘게 채썰어 끓는 물에 살짝 데쳐서 물기를 뺀다.

2. 홍고추 1/4개는 씨를 빼고 가늘게 채썬다.

3. 청포묵에 소금 약간, 참기름 1을 넣어 밑간한다.

4. 구운 김가루 2와 홍고추를 넣고 무쳐서 통깨를 살짝 뿌려 버무린다.

토마토 바질 냉채

주재료
토마토 1개
오이 1/4개
바질 약간

소스 재료
올리브 오일 2
식초 2
설탕 1
소금 0.3

> 귀찮아도 토마토의 껍질을 벗겨야 씹히는 맛이 부드럽다.

난이도 ★☆☆
2인분 [10분]

❶ 토마토 1개는 열십자 모양으로 칼집을 넣어 끓는 물에 살짝 데쳐 찬물에 헹궈 껍질을 벗긴다.

❷ 껍질을 벗긴 토마토는 먹기 좋은 크기로 썰고, 오이 1/4개는 길이로 반달 모양으로 썰고, 바질 약간은 굵게 채썬다.

❸ 올리브 오일 2, 식초 2, 설탕 1, 소금 0.3을 섞어 소스를 만든다.

❹ 토마토에 소스를 버무려 접시에 담고 바질을 얹는다.

치킨집 샐러드

주재료
양배추 3장

사우전드 아일랜드 드레싱 재료
마요네즈 3
토마토케첩 1
레몬즙 0.5
다진 피클 1
다진 양파 1
설탕 약간

양배추는 통째 채칼로 곱게 채썰어야 샐러드 드레싱과 잘 버무려져 맛있다.

난이도 ★☆☆
2인분 [10분]

① 양배추 3장은 흐르는 물에 깨끗이 씻어 4cm 길이로 곱게 채썬다.

② 채썬 양배추가 아삭아삭하도록 찬물에 담갔다가 건져 물기를 뺀다.

③ 마요네즈 3, 토마토케첩 1, 레몬즙 0.5, 다진 피클 1, 다진 양파 1, 설탕 약간을 섞어 양배추 샐러드에 곁들인다.

양배추 볶음

재료
양배추 4장
풋고추 1/2개
식용유 적당량
다진 마늘 0.5
굴소스 0.5
소금·후춧가루 약간씩

대체 식재료
풋고추 ▶ 피망, 꽈리고추

양배추는 섬유질이 많으므로 날로 먹을 때는 가능한 한 얇게 채썰어야 부드럽게 먹을 수 있다. 통째 채썰 때는 채칼을 이용하면 힘이 덜 든다.

난이도 ★☆☆
2인분 [10분]

양배추 4장은 4cm 길이로 넓적하게 자르고, 풋고추 1/2개는 어슷썬다.

팬에 식용유를 두르고 다진 마늘 0.5를 넣어 볶다가 양배추와 풋고추를 넣어 볶는다.

채소가 숨이 살짝 죽으면 굴소스 0.5를 넣고 소금, 후춧가루로 간한다.

서비스 샐러드

주재료
샐러드용 채소 150g

당근 드레싱 재료
당근 1/4개
식초 2
설탕 1.5
간장 1
참기름 1
소금 약간

당근 대신 오이나 양파, 사과를 넣으면 다양한 맛의 드레싱을 즐길 수 있다.

난이도 ★☆☆
2인분 [10분]

① 샐러드용 채소 150g은 먹기 좋은 크기로 손으로 뜯어 찬물에 담갔다가 체에 밭쳐 물기를 뺀다.

② 당근 1/4개는 껍질을 벗겨서 강판에 간다.

③ 당근에 식초 2, 설탕 1.5, 간장 1, 참기름 1, 소금을 약간 넣어 섞는다.

④ 접시에 샐러드용 채소를 담고 당근 드레싱을 곁들인다.

올리브 오이 샐러드

주재료
블랙 올리브 1/4컵
오이 1개
소금 약간

드레싱 재료
다진 양파 1
다진 바질 0.3
올리브 오일 1
식초 1
설탕 0.5
소금 약간

대체 식재료
다진 바질 ▶ 다진 파슬리

오이는 청오이보다는 백오이를 넣어야 질기지 않고 맛있다.

난이도 ★☆☆
2인분 [10분]

1 블랙 올리브 1/4컵은 씨가 없는 것으로 구입한다.

2 오이 1개는 필러로 돌기를 제거한 후 어슷하게 깊은 잔 칼집을 낸 후 반대쪽에도 비스듬하게 깊은 잔 칼집을 넣어 2cm 크기로 잘라, 소금을 약간 뿌려 절여서 물기를 꼭 짠다.

3 다진 양파 1, 다진 바질 0.3, 올리브 오일 1, 식초 1, 설탕 0.5, 소금 약간을 섞어 드레싱을 만든다.

4 볼에 블랙 올리브, 오이를 담고 드레싱을 부어 고루 버무린다.

다이어트 샐러드

재료
자색고구마 1/2개
노랑 파프리카 1/6개
주홍 파프리카 1/6개
올리브 오일 1
발사믹 식초 0.5
소금·후춧가루 약간씩

난이도 ★☆☆
2인분 [10분]

① 자색고구마 1/2개는 껍질을 벗기고 깍두기 모양으로 썬다.

② 노랑 파프리카 1/6개, 주홍 파프리카 1/6개는 자색고구마 크기로 썰어 함께 볼에 담는다.

③ 자색고구마와 파프리카에 올리브 오일 1, 발사믹 식초 0.5를 넣어 고루 섞는다.

④ 소금과 후춧가루로 간을 맞춘다.

생두부와 양념장

주재료
생두부 1모

양념장 재료
달래 약간
간장 2
다진 파 0.5
다진 마늘 0.3
설탕 약간
고춧가루 0.3
깨소금 0.5
참기름 1

대체 식재료
생두부 ▶ 연두부
달래 ▶ 부추, 실파

난이도 ★☆☆
2인분 [10분]

생두부 1모는 먹기 좋은 크기로 썬다.

달래는 송송 썬다.

송송 썬 달래, 간장 2, 다진 파 0.5, 다진 마늘 0.3, 설탕 약간, 고춧가루 0.3, 깨소금 0.5, 참기름 1을 섞어 양념장을 만든다.

접시에 생두부를 담고 양념장을 뿌린다.

낫토 비빔밥

주재료

김 1/4장
밥 1공기+1/2공기
낫토 1팩
달걀노른자 2개
무순 1/4팩

양념 간장 재료

간장 2
겨자 0.3
다진 파 1
참기름 0.5
깨소금 0.5

양념 간장을 만들 때는 간장에 겨자를 넣어 덩울 없이 잘 푼 다음 나머지 재료를 넣어야 잘 섞인다.

난이도 ★☆☆
2인분 [10분]

① 김 1/4장은 가위로 3cm 길이로 채썰듯이 자른다.

② 밥 1공기+1/2공기는 따뜻하게 준비하여 그 위에 낫토와 달걀노른자 2개, 무순 1/4팩, 김을 올린다.

③ 간장 2, 겨자 0.3, 다진 파 1, 참기름 0.5, 깨소금 0.5를 섞어 양념 간장을 만들어 밥에 곁들인다.

녹찻물밥
오차즈케

재료
물 2컵
녹차(티백) 2개
소금 0.3
오이지 1/4개
김 1/4장
밥 1공기+1/2공기
후리카케 2

난이도 ★☆☆
2인분 [10분]

① 물 2컵이 끓으면 불을 끄고 녹차 티백 2개를 담가 찻물이 우러나면 티백은 건져내고 소금 0.3을 넣어 간한다.

② 오이지 1/4개는 곱게 다진다.

③ 김 1/4장은 약한 불에 살짝 구워 가위로 3cm 길이로 채썰듯이 자른다.

④ 따끈한 밥 1공기+1/2공기에 다진 오이지를 얹고 후리카케 2를 뿌리고 녹찻물을 부은 후 김가루를 올린다.

가지볶음

한꺼번에 가지를 많이 볶을 때는 먼저 가지에 기름을 두르고 버무린 다음 팬을 달구어 볶아야 기름이 골고루 스며든다.

재료

가지 1개
팽이버섯 1봉지
홍고추 1/2개
풋고추 1/2개
들기름 2
식용유 1
다진 마늘 0.5
간장 1
맛술 1
소금 약간

대체 식재료

팽이버섯 ▶ 느타리버섯, 새송이버섯
간장 ▶ 참치 한스푼

난이도 ★☆☆
2인분 [10분]

① 가지 1개는 깨끗이 씻어서 길이로 반 잘라 어슷썰고, 팽이버섯 1봉지는 밑동을 잘라서 가닥가닥 뗀다.

② 홍고추 1/2개와 풋고추 1/2개는 어슷하게 썬다.

③ 팬에 들기름 2, 식용유 1을 두르고 다진 마늘 0.5를 넣어 볶다가 향이 나면 가지를 넣고 볶는다.

④ ③에 간장 1, 맛술 1을 넣고 고루 섞다가 팽이버섯, 홍고추, 풋고추를 넣고 살짝 볶은 다음 소금으로 간한다.

양반집 대추 수삼튀김

재료
- 대추 10개
- 수삼 2뿌리
- 튀김가루 1/4컵
- 물 1/4컵
- 튀김기름 적당량

대추 수삼튀김은 맛으로 먹기도 하지만 향으로 먹는 요리이다. 튀김기름은 깨끗한 것으로 준비하고 반죽을 떨어뜨렸을 때 튀김기름 표면에서 바로 튀겨지는 180℃에서 튀긴다.

난이도 ★☆☆
2인분 [10분]

① 대추 10개는 마른행주로 껍질을 깨끗이 닦은 후 돌려 깎아 씨를 빼낸다.

② 수삼 2뿌리는 손질해서 길이로 반 자른 후 다시 자르고 4cm 길이로 썬다.

③ 대추를 펴고 수삼을 넣어 돌돌 만다.

④ 튀김가루 1/4컵과 물 1/4컵을 섞어 반죽을 만들어 ③에 입힌 후 180℃의 튀김기름에 바삭하게 튀긴다.

두부 조개찜

봉지에 들어 있는 순두부는 짜듯이 놓으면 두부가 부서지므로 절단선을 잘라 덩어리째 그릇에 놓은 다음 숟가락으로 한 덩어리씩 떠 넣는다

주재료
바지락 1봉지
소금 약간
순두부 1/2봉지

양념장 재료
간장 1
맛술 0.5
설탕 0.3
고춧가루 0.3
다진 파 0.5
다진 마늘 0.3
송송 썬 풋고추·홍고추 약간씩
참기름 1
후춧가루 약간

대체 식재료
바지락 ▶ 모시조개

난이도 ★☆☆
2인분 [10분]

1 바지락 1봉지는 엷은 소금물에 담가 해감한 후 깨끗이 씻는다.

2 순두부 1/2봉지는 숟가락으로 한 덩어리씩 뜬다.

3 그릇에 순두부와 바지락을 담고 랩을 씌워서 전자레인지에서 3분 정도 익힌다.

4 간장 1, 맛술 0.5, 설탕 0.3, 고춧가루 0.3, 다진 파 0.5, 다진 마늘 0.3, 송송 썬 풋고추와 홍고추 약간씩, 참기름 1, 후춧가루 약간을 섞어 순두부에 곁들인다.

재료

바지락 1봉지
마른 미역 2
청주 1
다진 마늘 0.3
소금 약간

대체 식재료

청주 ▶ 맛술

바다향 술찜

027

난이도 ★☆☆
2인분 [10분]

❶ 바지락 1봉지는 흐르는 물에 헹군 다음 소금물에 담가 해감시킨다.

❷ 마른 미역 2는 찬물에 불려 물기를 뺀다.

❸ 냄비에 바지락, 미역, 청주 1을 넣고 뚜껑을 덮어 2~3분간 찌듯이 익혀 다진 마늘 0.3과 소금으로 간한다.

오징어 구이와 별미 마요네즈

딱딱한 오징어는 그대로 굽지 말고 스프레이로 오징어에 물을 뿌려서 비닐팩에 잠시 넣어 두었다가 굽는다.

주재료
반건조 오징어 1마리

와사비 마요네즈 재료
마요네즈 3
와사비 0.3

핫소스 마요네즈 재료
마요네즈 3
핫소스 0.5

대체 식재료
반건조 오징어 ▶ 한치
핫소스 ▶ 고추장

난이도 ★☆☆
2인분 [5분]

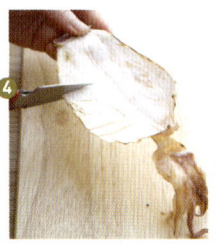

❶ 반건조 오징어 1마리는 팬이나 석쇠에 앞뒤로 굽는다.

❷ 볼에 마요네즈 3, 와사비 0.3을 넣고 고루 섞는다.

❸ 볼에 마요네즈 3, 핫소스 0.5를 넣어 고루 섞는다.

❹ 먹기 쉽도록 오징어에 가위집을 넣은 후 와사비 마요네즈, 핫소스 마요네즈를 곁들인다.

재료

오징어 다리 1마리분
느타리버섯 1/4팩
풋고추 1/2개
홍고추 1/2개
검은깨 1
부침가루 1/4컵
물 2~3
식용유 적당량

대체 식재료

오징어 다리 ▶ 조갯살,
새우살

오징어 버섯전

난이도 ★☆☆
2인분 [10분]

오징어 다리
1마리분은
곱게 다진다.

느타리버섯
1/4팩은 물에 씻어
물기를 쏙 빼고
손으로 가늘게
찢어 곱게 다지고,
풋고추 1/2개,
홍고추 1/2개는
씨째 곱게 다진다.

오징어, 느타리버섯,
풋고추, 홍고추,
검은깨 1을 고루 섞고
부침가루 1/4컵을 넣어
골고루 섞은 다음
물 2~3을 넣어
되직하게 반죽하여
식용유를 두른 팬에
노릇하게 지진다.

북어 고추장 구이

주재료
북어 1마리
식용유 1

양념장 재료
고추장 1.5
고춧가루 0.3
물엿 1
설탕 0.3
다진 파 1
다진 마늘 0.5
참기름 1

난이도 ★☆☆
2인분 [10분]

① 북어 1마리는 껍질 쪽을 아래로 향하게 하여 찬물에 담가둔다.

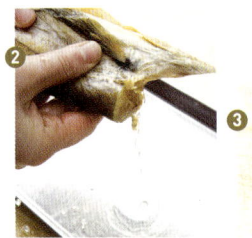

② 북어가 부들부들해지면 물기를 꼭 짜고, 가위로 머리와 잔가시를 잘라낸다.

③ 고추장 1.5, 고춧가루 0.3, 물엿 1, 설탕 0.3, 다진 파 1, 다진 마늘 0.5, 참기름 1을 섞어 양념장을 만든다.

④ 북어에 양념장을 앞뒤로 골고루 바르고 팬에 식용유 1을 두르고 북어가 타지 않게 구워 먹기 좋은 크기로 썬다.

재료

누룽지(시판용) 1컵
물 3컵

속풀이 누룽지

누룽지는 밥을 기름 두르지 않은 팬에 잘 펴서 앞뒤로 노릇노릇하게 은근한 불에 굽거나, 오븐 팬에 밥을 얇게 펴서 오븐에서 굽는다. 별미 누룽지를 만들 때에는 견과류나 흑미, 갖가지 잡곡을 섞어 누룽지를 만들어서 끓이면 든든한 한끼 식사가 된다.

난이도 ★☆☆
2인분 [10분]

❶ 냄비에 물 3컵을 붓고 끓인다.

❷ 물이 끓으면 누룽지 1컵을 넣어 누룽지가 부드러워질 때까지 끓인다.

모둠 치즈

숙성시켜 만든 카망베르 치즈, 브리 치즈, 고다 치즈, 에멘탈 치즈는 와인 안주로도 좋다.

재료
여러 가지 치즈 50g
타임 약간
크림치즈 1/4컵
크래커 적당량

대체 식재료
타임 ▶ 파슬리, 바질

난이도 ★☆☆
2인분 [10분]

① 여러 가지 치즈 50g은 먹기 좋은 크기로 썬다.

② 타임은 잎만 떼어 곱게 다진다.

③ 크림치즈 1/4컵에 타임을 넣어 잘 섞는다.

④ 접시에 자른 치즈와 크림치즈, 크래커를 담는다.

재료

브리 치즈 1/2개
호두 적당량
캐러멜 소스 1

대체 식재료

호두 ▶ 아몬드

브리 치즈와 호두

난이도 ★☆☆
2인분 [10분]

브리 치즈 1/2개는 먹기 좋은 크기로 자른다.

호두는 기름을 두르지 않은 팬에 고소하게 볶는다.

접시에 브리 치즈를 담고 캐러멜 소스 1을 뿌린다.

치즈 위에 볶은 호두를 올린다.

건성건성 사과칩

사과칩을 만들 때 사과의 씨를 도려내는 도구를 이용해 씨를 제거하면 훨씬 모양이 좋다. 그러나 기구가 없으면 그대로 썰어도 상관없다. 또 먹다 남은 사과칩은 무말랭이처럼 무쳐 먹어도 된다.

재료
사과 1개

대체 식재료
사과 ▶ 고구마, 당근

난이도 ★☆☆
2인분 [10분]

① 사과 1개는 껍질째 흐르는 물에 깨끗하게 씻어 물기를 뺀다.

② 사과는 껍질째 0.2cm 두께로 썬다.

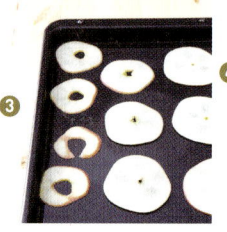

③ 채소 건조기나 오븐의 건조 기능을 이용하여 사과를 말린다.

④ 사과가 잘 말라서 칩이 만들어지면 밀폐 용기에 담아 보관한다.

일식당 주방장 음료

재료
마 1/4개
요구르트 2개
꿀 적당량

대체 식재료
요구르트 ▶ 우유

난이도 ★☆☆
2인분 [10분]

마는 비타민이 풍부하고 빈혈에 좋은 철분과 칼슘, 마그네슘이 많은 알칼리성 식품이다. 몸의 저항력을 높이고 기력을 돋우는 데도 효과가 있으며 특히 위장에 좋은 식품으로 알려져 있다.

❶ 마 1/4개는 깨끗이 씻어 껍질을 벗긴다.

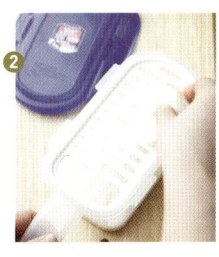

❷ 강판에 동그란 무늬를 그리듯 마를 돌리면서 곱게 간다.

❸ 간 마에 요구르트 2개를 넣어 흔들어 골고루 섞는다.

❹ 기호에 따라 꿀을 넣는다.

20분 야참

Recipes 67

토마토 소스와 바게트 피자

오레가노가 없다면 바질을 넣거나 빼도 된다. 200℃로 예열한 오븐에서 7~8분 정도 구워도 좋다.

주재료
바게트 1/2개
토마토 소스 1/4컵
여러 가지 채소(양파, 당근, 버섯, 피망 등) 100g
올리브 4개
델큐브 참치 통조림 1통
피자 치즈 1컵

토마토 소스 재료
토마토 통조림 1통
올리브 오일 2
다진 마늘 2
다진 양파 1/2개분
오레가노 약간
설탕 약간
소금 · 후춧가루 약간씩

난이도 ★☆☆
2인분 [20분]

1 토마토는 캔에서 꺼내 손으로 대충 으깨고 냄비에 올리브 오일 2를 두르고 다진 마늘 2, 다진 양파 1/2개분을 넣어 중간 불로 5분 정도 볶는다.

2 으깬 토마토를 넣어 센 불에서 끓여 끓기 시작하면 은근한 불에 10분 정도 졸여 걸쭉해지면 오레가노 약간과 설탕을 넣고 소금과 후춧가루로 간을 맞춘다.

3 바게트 1/2개는 반으로 잘라 토마토 소스 1/4컵을 골고루 바르고, 여러 가지 채소 100g은 굵게 다지고, 올리브 4개는 동그랗게 썬다.

4 다진 채소와 델큐브 참치를 올리고 피자 치즈 1컵을 뿌려 팬에 넣어 뚜껑을 덮고 은근한 불에서 굽는다.

재료

식빵 4장
우유잼 4
달걀 2개
소금 약간
우유 1/4컵
식용유 약간

대체 식재료

우유잼 ▶ 딸기잼, 크림치즈
식빵 ▶ 바게트

깍두기 토스트

우유잼 만드는 법은 이미경의 자연밥(http://blog.naver.com/poutian)을 참조한다. 달걀물에 식빵을 오래 담가두면 식빵이 달걀물을 너무 많이 흡수해서 속까지 잘 익지 않는다.

난이도 ★☆☆
2인분 [20분]

① 식빵 1장에 우유잼 4를 골고루 펴 바르고 식빵 1장을 포갠다.

② 달걀 2개는 잘 풀어 소금으로 간을 하고, 우유 1/4컵과 섞는다.

③ 잼을 바른 식빵은 9등분한다.

④ 달걀물에 식빵을 담갔다가 식용유를 두른 프라이팬에 앞뒤로 노릇노릇하게 지진다.

카레 우동

재료
우동면 1인분
양파 1/6개
대파(잎 부분) 1/4대
풋고추 1/2개
물 2컵
맛술 0.5
쇠고기(샤브샤브용) 80g
고베카레(비프) 1봉지
소금·후춧가루 약간씩

대체 식재료
우동면 ▶ 칼국수면, 라면

난이도 ★★☆
2인분 [20분]

1 우동면은 끓는 물에 살짝 데쳐 그릇에 담는다.

2 양파 1/6개는 채썰고, 대파 1/4대는 어슷하게 썰고, 풋고추 1/2개는 송송 썬다.

3 냄비에 물 2컵, 맛술 0.5, 채썬 양파를 넣고 끓이다가 쇠고기를 넣고 끓이면서 거품과 기름기를 걷어낸다.

4 육수에 카레를 넣고 풀어 한소끔 끓여 우동을 담은 그릇에 붓고 채썬 대파를 고명으로 얹는다.

연륜 있는 묵은지 쌈밥

주재료
밥 2공기
묵은지 1/4포기

쌈장 재료
다진 풋고추 0.5
다진 홍고추 0.5
고추장 2
된장 1
참기름 1
깨소금 0.5

대체 식재료
깨소금 ▶ 호두, 아몬드

> 배추김치의 신맛에 따라 물을 갈아주는데 너무 오래 담가 두면 신맛이 빠져 맛이 없다.

난이도 ★☆☆
2인분 [20분]

 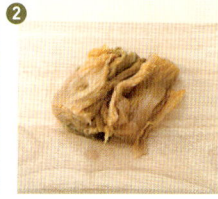  

① 묵은지 1/4포기는 소를 털어내고 깨끗한 물에 씻어 찬물에 2시간 정도 담가둔다.

② 묵은지는 물기를 꼭 짜고 먹기 좋은 크기로 썬다.

③ 다진 풋고추 0.5, 다진 홍고추 0.5, 고추장 2, 된장 1, 참기름 1, 깨소금 0.5를 골고루 섞는다.

④ 낱장으로 뗀 배추김치에 따끈하게 데운 밥을 한 숟가락 올리고 쌈장을 올려 돌돌 만다.

참치 마요 주먹밥

재료
밥 1공기
소금·참기름 약간씩
참치 통조림 1/2통
고추냉이 약간
마요네즈 2
후춧가루 약간
후리카케 적당량

대체 식재료
참치 통조림 ▶
닭 가슴살 통조림

주먹밥을 굴려 후리카케를 듬뿍 묻혀도 된다. ▶

난이도 ★★☆
2인분 [20분]

❶ 밥 1공기는 따끈하게 데워 소금과 참기름을 넣어 섞는다.

❷ 참치는 기름기를 빼고 잘게 부수어 고추냉이 약간, 마요네즈 2, 후춧가루 약간에 버무린다.

❸ 밥을 적당한 크기로 동그랗게 뭉쳐 가운데에 소를 넣어 단단하게 뭉친다.

❹ 넓은 접시에 후리카케를 담고 주먹밥에 묻힌다.

건강보험 검은깨죽

재료
검은깨 1/4컵
물 1/2컵
쌀 1/3컵
물 2컵
땅콩 10개
물 1컵
소금 약간
잣 2개

대체 식재료
검은깨 ▶ 흰깨, 잣

볶은 깨를 넣어 끓일 때는 물을 넣어 갈면 된다. 잣죽, 은행죽도 검은깨죽과 같은 방법으로 곱게 갈아 죽을 쑨다.

난이도 ★★☆
2인분 [20분]

❶ 검은깨 1/4컵은 깨끗이 씻어 바닥이 두꺼운 냄비에 볶는다. 믹서에 검은깨를 넣고 물 1/2컵을 부어 곱게 간다.

❷ 쌀 1/3컵은 씻어 20분 정도 불려 믹서에 물 2컵과 땅콩 10개와 함께 곱게 간다.

❸ 검은깨와 믹서에 간 쌀을 각각 고운체에 밭친다.

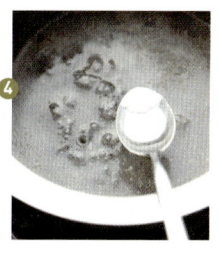

❹ 바닥이 두꺼운 냄비에 검은깨와 쌀 간 것을 넣고 물 1컵을 부어 끓이다가 소금으로 간한 후 잣 2개를 띄운다.

북어죽

주재료
쌀 1/2컵
황태포 1줌
무(2cm 길이) 1/2토막
실파 2뿌리
참기름 0.5
소금·후춧가루 약간씩

다시마 우린 물 재료
물 6컵
다시마(10×10cm) 1장

죽은 쌀을 조금만 끓여도 양이 많아지는데, 쌀 1컵에 6~8배의 물을 넣어 죽을 끓이면 4~5인분을 만들 수 있다.

난이도 ★★☆
2인분 [20분]

1. 쌀 1/2컵은 씻어서 20분쯤 불려 물기를 빼고, 황태포 1줌은 찬물에 씻어 바로 건져 물기를 짜고, 무 1/2토막은 납작하게 썰고, 실파 2뿌리는 송송 썬다.

2. 냄비에 물 6컵과 다시마 1장을 넣어 은근한 불에 끓여 다시마 물이 우러나면 다시마는 건져낸다.

3. 냄비에 참기름 0.5를 두르고 황태포와 쌀을 넣어 볶다가 다시마 우린 물을 붓고 나무주걱으로 저어가며 끓인다.

4. 중간에 무를 넣어 끓이다가 걸쭉해지면 실파를 넣고 소금과 후춧가루로 간한다.

채소죽

재료
- 쌀 1/3컵
- 양파 1/4개
- 애호박 1/5개
- 당근(1cm 길이) 1토막
- 표고버섯 2개
- 참기름 1
- 물 4컵
- 참치진국 1
- 소금 약간

대체 식재료
표고버섯 ▶ 팽이버섯, 느타리버섯

채소죽은 쌀 대신 찹쌀로 끓여도 되며 채소를 넣을 때에는 단단한 채소를 미리 끓이다가 부드러운 채소는 나중에 넣는다.

난이도 ★☆☆
2인분 [20분]

1 쌀 1/3컵은 깨끗이 씻어 물에 불리고, 양파 1/4개, 애호박 1/5개, 당근 1토막, 표고버섯 2개는 손질해서 잘게 다진다.

2 냄비에 참기름 1을 두르고 불린 쌀을 넣어 볶는다.

3 쌀알이 투명해지면 물 4컵을 넣어 끓이는데, 냄비 바닥에 눌어붙지 않도록 중간 중간 주걱으로 저어준다.

4 쌀알이 거의 퍼지면 잘게 다진 채소를 넣어 끓이다가 채소가 익으면 참치진국 1을 넣고 소금으로 간한다.

미역 된장죽

재료
마른 미역 1/4컵
실파 1뿌리
물 3컵
된장 3
밥 1공기

대체 식재료
실파 ▶ 부추

> 된장이 잘 풀어지도록 체에 걸러 풀어서 남은 콩 알갱이나 덩어리는 버리지 말고 그대로 국에 넣어 끓인다.

난이도 ★☆☆
2인분 [20분]

1 마른 미역은 찬물에 담가 불려서 2cm 길이로 썰고, 실파 1뿌리는 다듬어 씻어서 송송 썬다.

2 냄비에 물 3컵을 붓고 불린 미역을 넣어 끓인다.

3 국물이 끓으면 된장 3을 체에 풀어 넣고 밥 1공기를 넣어 끓인다.

4 밥알이 거의 퍼지면 송송 썬 실파를 넣어 한소끔 끓인다.

재료

대파 1대
델큐브 참치 통조림 1/2통
데리야키 소스 3

대체 식재료

대파 ▶ 꽈리고추, 양파
데리야키 소스 ▶
돈가스 소스, 스테이크 소스

한 꼬치
두 꼬치
대파
참치꼬치

델큐브 참치는 네모난 모양의 참치 통조림이다. 데리야키 소스가 없으면 간장, 설탕, 물엿, 맛술 등을 넣어 끓여 사용하면 된다.

난이도 ★☆☆
2인분 [20분]

❶ 대파 1대는 뿌리를 자르고 3cm 길이로 큼직하게 썬다.

❷ 델큐브 참치는 물기를 뺀다.

❸ 꼬치에 대파와 참치를 번갈아 꽂아 그릴이나 오븐, 프라이팬에 앞뒤로 노릇노릇하게 굽는다.

❹ 데리야키 소스 3을 2~3회 덧발라 굽는다.

감자 칠리구이

재료

양파 1/8개
식용유 적당량
다진 마늘 0.3.
쇠고기(다짐육) 1/4컵
베이키드 빈스 1
토마토케첩 1
핫소스 0.3
맛술 0.3
냉동 감자(해시 브라운) 2개
튀김기름 적당량
피자 치즈 1/4컵
파슬리가루 약간

대체 식재료

쇠고기(다짐육) ▶ 돼지고기, 닭고기

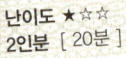
난이도 ★☆☆
2인분 [20분]

양파 1/8개는 굵직하게 다진다.

팬에 식용유를 두르고 다진 마늘 0.3을 볶다가 쇠고기 1/4컵을 넣어 볶다가 다진 양파, 베이키드 빈스 1을 넣어 살짝 더 볶는다. 토마토케첩 1, 핫소스 0.3, 맛술 0.3을 넣는다.

냉동 감자 2개는 170℃의 튀김기름에 튀기거나 200℃의 오븐에서 10분 정도 굽는다.

오븐 용기에 구운 감자를 놓고 그 위에 ②의 칠리소스를 올리고 피자 치즈 1/4컵을 뿌려 200℃의 오븐에서 7~8분 정도 구워 파슬리가루를 약간 뿌린다.

재료

돼지고기(삼겹살) 150g
꽈리고추 10개
마늘가루 약간
소금 약간
후춧가루 약간

대체 식재료

꽈리고추 ▶ 마늘종, 피망

꽈리고추 삼겹살구이

난이도 ★☆☆
2인분 [20분]

1 돼지고기는 삼겹살로 150g을 준비하여 반으로 자른다.

2 꽈리고추 10개는 깨끗이 씻어 물기를 제거한다.

3 삼겹살 위에 마늘가루와 소금, 후춧가루를 약간씩 뿌려 간한 다음 꽈리고추를 넣어 돌돌 만다.

4 팬에 삼겹살을 넣어 굴려가며 노릇노릇하게 굽는다.

꽁치구이

재료
꽁치 1마리
소금 0.3
레몬 1조각

대체 식재료
꽁치 ▶ 고등어, 삼치

꽁치에 소금을 뿌릴 때는 조금 높은 위치에서 뿌려야 골고루 잘 뿌려진다. 또 그릴이나 오븐에 구울 때는 꼬리나 머리 쪽이 타기 쉬우니 쿠킹 포일을 살짝 싸서 굽는다.

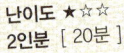
난이도 ★☆☆
2인분 [20분]

꽁치 1마리는 내장을 빼고 깨끗이 손질하여 일정한 간격으로 앞뒤에 잔 칼집을 넣는다.

꽁치에 앞뒤로 소금 0.3을 골고루 뿌린다.

뜨겁게 달군 그릴이나 석쇠에 꽁치를 올려 노릇노릇하게 굽는다.

접시에 꽁치를 담고 레몬 1조각을 곁들인다.

본전 뽑는 빙어구이

주재료
빙어 10마리
소금 약간

간장 양념 재료
간장 2
와사비 0.3

와사비 양념 재료
마요네즈 2
와사비 0.3

난이도 ★☆☆
2인분 [20분]

① 빙어 10마리는 키친타월로 물기를 제거하여 소금을 살짝 뿌린다.

② 소금을 뿌린 빙어를 석쇠에 올려 앞뒤로 노릇하게 구워 접시에 담는다.

③ 간장 양념 재료인 간장 2, 와사비 0.3을 섞는다.

④ 마요네즈 양념 재료인 마요네즈 2, 와사비 0.3을 섞어 간장 양념과 함께 빙어에 곁들인다.

아무나 만드는 채소 피자

재료
양배추 4장
양파 1/8개
양송이버섯 1개
식용유 적당량
피자 치즈 1/2컵
소금 · 바질 약간씩

대체 식재료
양송이버섯 ▶ 새송이버섯

양배추의 줄기 쪽은 두꺼우니 얇게 저며 사용한다. 또 아삭한 맛이 좋은 아스파라거스나 브로콜리 등을 넣어도 좋다.

난이도 ★☆☆
2인분 [20분]

❶ 양배추 4장은 물에 씻어 큰 잎은 반으로 자른다.

❷ 양파 1/8개는 채썰고, 양송이버섯 1개는 모양대로 썬다.

❸ 팬에 식용유를 두르고 양배추, 양파, 양송이버섯, 피자 치즈 1/2컵을 켜켜이 올리면서 소금과 바질을 약간씩 뿌린다.

❹ 팬의 뚜껑을 덮어 은근한 불에 치즈가 녹도록 익힌다.

연근 죽염구이

재료
연근(5~6cm 길이) 1/3토막
들기름 2
죽염 약간

대체 식재료
죽염 ▶ 꽃소금

많은 양을 볶을 때는 들기름과 식용유를 섞어서 볶아야 맛있는데, 들기름 4에 식용유 2를 넣으면 적당하다.

난이도 ★☆☆
2인분 [20분]

① 연근 1/3토막은 물에 깨끗이 씻는다.

② 필러로 연근의 껍질을 말끔하게 벗기고 0.3cm 두께로 썬다.

③ 팬에 들기름 2를 두르고 연근을 넣어 달달 볶는다.

④ 볶은 연근에 죽염을 살짝 뿌려 간해서 접시에 담는다.

두부에 끼인 쇠고기구이

오븐이나 그릴이 없으면 쇠고기를 얇게 펴서 붙인 후 팬에 노릇하게 굽는다.

주재료
두부 1/2모
소금 약간
식용유 적당량
다진 쇠고기 50g
녹말 · 통깨 약간씩

쇠고기 양념 재료
다진 청양고추 0.5
간장 1
설탕 0.5
다진 파 0.5
다진 마늘 0.3
깨소금 · 참기름 · 후춧가루 약간씩

난이도 ★★☆
2인분 [20분]

① 두부 1/2모는 도톰하게 썰어 소금을 약간 뿌린 후 물기가 생기면 제거하고 팬에 식용유를 두르고 노릇하게 지진다.

② 다진 쇠고기 50g에 다진 청양고추 0.5, 간장 1, 설탕 0.5, 다진 파 0.5, 다진 마늘 0.3, 깨소금, 참기름, 후춧가루를 약간씩 넣어 조물조물 양념한다.

③ 지진 두부에 녹말을 약간 묻혀 쇠고기에 얇게 편 후 다시 두부로 덮는다.

④ 그릴이나 오븐에서 쇠고기를 익히고 통깨를 약간 뿌린다.

닭꼬치 구이

055

주재료
닭다리 2개
닭 가슴살 1조각
대파 1대

소스 재료 *1/4컵만 사용
간장 1컵
맛술 2/3컵
물 1/4컵
양파 1/4개
대파 1/2대
마늘 2쪽
다시마 1장
설탕 2~3

대체 식재료
대파 ▶ 양송이버섯, 양파

소스는 양이 적으면 타기 쉬우므로 8인분 분량으로 넉넉히 끓여 보관해서 여러 가지 구이 요리에 곁들인다.

난이도 ★☆☆
2인분 [20분]

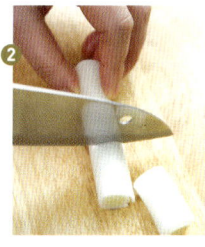
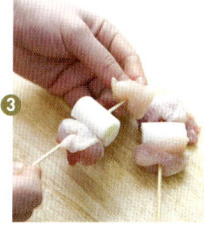

1. 닭다리 2개는 뼈를 발라내고 껍질째 먹기 좋은 크기로 썰고, 닭 가슴살 1조각은 먹기 좋은 크기로 썬다.

2. 대파 1대는 닭고기와 같은 길이로 썬다.

3. 닭다리와 닭 가슴살, 대파를 꼬치에 먹음직스럽게 꿴다.

4. 냄비에 간장 1컵, 맛술 2/3컵, 물 1/4컵, 양파 1/4개, 대파 1/2대, 마늘 2쪽, 다시마 1장을 넣어 졸이다가 양이 1/3 정도로 줄어들면 설탕 2~3을 넣어 농도를 조절하면서 졸여 닭꼬치에 발라 굽는다.

춘권구이

주재료
고수 약간
춘권피 4장

양념 재료
고추장 1
타바스코 0.5
물엿 1

대체 식재료
고수 ▶ 허브
타바스코 ▶ 고춧가루

난이도 ★☆☆
2인분 [20분]

고수는 약간만 준비하여 잎을 뗀다.

고추장 1, 타바스코 0.5, 물엿 1을 넣어 섞는다.

춘권피 1장에 양념을 얇게 펴 바른 후 고수 잎을 올리고 춘권피 1장으로 덮는다.

달군 팬에 식용유를 두르고 춘권피를 앞뒤로 노릇노릇하게 구워 먹기 좋은 크기로 자른다.

허브 고갈비

재료

자반고등어 1마리
로즈메리 1/2줄기
맛술 1
후춧가루 약간
레몬 1/4개

대체 식재료

로즈메리 ▶ 바질, 오레가노

난이도 ★☆☆
2인분 [20분]

생물 고등어는 배를 갈라 펼쳐서 소금을 뿌려 절였다가 사용한다. 또 생선은 물기를 잘 제거해야 비린내가 나지 않고 로즈메리는 마른 것을 넣어도 된다.

① 자반고등어 1마리는 물에 씻어 키친타월로 물기를 제거하고, 로즈메리 1/2줄기는 다진다.

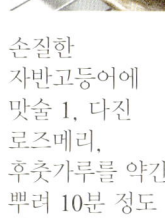

② 손질한 자반고등어에 맛술 1, 다진 로즈메리, 후춧가루를 약간 뿌려 10분 정도 재운다.

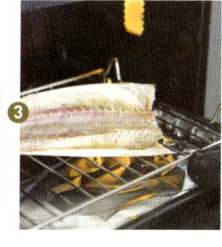

③ 200℃로 예열한 오븐에서 고등어를 15분 정도 굽거나, 팬에 식용유를 약간 두르고 앞뒤로 지진 후 은근한 불로 속까지 익힌다.

④ 고등어를 접시에 담고 레몬 1/4개를 곁들인다.

강낭콩 토마토 샐러드

토마토는 후숙해서 먹는 채소로 파란 토마토는 붉게 변하도록 실온에 두었다가 먹는 것이 좋다.

주재료
강낭콩 1/2컵
토마토 1개

레몬 드레싱 재료
올리브 오일 1.5
레몬즙 1
식초 1
설탕 1.5
다진 양파 1
소금 약간
채썬 바질 2

대체 식재료
강낭콩 ▶ 완두콩
토마토 ▶ 방울토마토

난이도 ★☆☆
2인분 [20분]

❶ 강낭콩 1/2컵은 깨끗이 씻어서 끓는 물에 삶아 체에 밭쳐 물기를 뺀다.

❷ 토마토 1개는 꼭지 부분에 열십자 모양의 칼집을 낸 후 끓는 물에 살짝 데쳐 찬물에 헹궈 껍질을 벗기고 한 입 크기로 자른다.

❸ 올리브 오일 1.5, 레몬즙 1, 식초 1, 설탕 1.5, 다진 양파 1, 소금 약간, 채썬 바질 2를 섞어 레몬 드레싱을 만든다.

❹ 볼에 강낭콩, 토마토를 담고 레몬 드레싱을 부어 고루 섞은 후 접시에 담아낸다.

마 된장 샐러드

주재료
마 1/2개
깻잎 4장
대추 2개

된장 드레싱 재료
된장 1
청주 2
설탕 0.3
식초 0.5

대체 식재료
깻잎 ▶ 달래, 영양부추

마는 알레르기 반응을 일으킬 수 있으니 고무장갑이나 일회용 장갑을 끼고 껍질을 벗긴다.

난이도 ★☆☆
2인분 [20분]

❶ 마 1/2개는 껍질을 벗겨서 4cm 길이로 잘라 먹기 좋은 크기로 편으로 썬다.

❷ 깻잎 4장은 채썰고, 대추 2개는 돌려깎아 채썬다.

❸ 된장 1, 청주 2, 설탕 0.3, 식초 0.5를 한데 섞어 된장 드레싱을 만든다.

❹ 접시에 마를 가지런히 담고 깻잎과 대추채를 올린 후 된장 드레싱을 곁들인다.

마늘구이 샐러드

팬의 온도가 높으면 마늘이 타기 쉬우니 주의하고, 180℃의 튀김기름에 마늘을 튀겨도 된다.

주재료
팽이버섯 1봉지
마늘 5쪽
식용유 적당량
소금 · 후춧가루 약간씩

소스 재료
올리브 오일 2
발사믹 식초 1

대체 식재료
발사믹 식초 ▶ 흑초, 홍초

난이도 ★☆☆
2인분 [20분]

① 팽이버섯 1봉지는 뿌리 쪽을 잘라내고 손으로 가닥가닥 뗀다.

② 마늘 5쪽은 큰 것은 편으로 썰어 식용유를 두른 팬에 노릇노릇하게 굽는다.

③ 접시에 팽이버섯을 가지런히 담고 소금, 후춧가루로 간한 후 볶은 마늘을 올린다.

④ 올리브 오일 2, 발사믹 식초 1을 살짝 끓여 ③에 뿌린다.

주재료
토마토 2개
양파 1/4개

땅콩 드레싱 재료
샐러드 오일 2
곱게 다진 땅콩 3
소금 · 후춧가루 약간씩

대체 식재료
땅콩 ▶ 호두, 아몬드

토마토 땅콩 샐러드

난이도 ★☆☆
2인분 [20분]

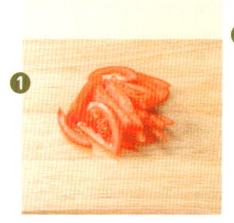

❶ 토마토 2개는 도톰하게 채썬다.

❷ 양파 1/4개는 곱게 채썰어 찬물에 담갔다가 건진다.

❸ 샐러드 오일 2에 다진 땅콩 3을 섞는다.

❹ 토마토와 양파를 섞은 다음 땅콩 드레싱을 넣어 버무리고 소금과 후춧가루로 간을 맞춘다.

새우 샐러드

스위트 칠리소스는 다진 고추, 식초, 설탕 등을 섞은 매콤하면서 단맛이 나는 소스로 튀김류나 절임에 사용한다.

주재료
새우(중간 크기) 10마리
제철 채소 적당량

드레싱 재료
레몬주스 1/4컵
스위트 칠리소스 1
꿀 0.5
설탕 1
다진 마늘 0.3
다진 생강 약간
레몬 2조각
피시소스 0.3
소금·후춧가루 약간씩

대체 식재료
피시소스 ▶ 멸치액젓

난이도 ★☆☆
2인분 [20분]

1. 새우 10마리는 이쑤시개를 이용해 내장을 제거한 후 삶아서 껍질을 벗긴다.

2. 레몬주스 1/4컵, 스위트 칠리소스 1, 꿀 0.5, 설탕 1, 다진 마늘 0.3, 다진 생강 약간, 레몬 2조각, 피시소스 0.3, 소금, 후춧가루를 약간씩 섞어 드레싱을 만든다.

3. 삶은 새우에 드레싱을 넣어 간이 배도록 반나절 정도 절인다.

4. 접시에 달래, 미나리 등 제철 채소를 담고 새우를 담은 후 드레싱을 끼얹는다.

버섯 샐러드

주재료

표고버섯 2개
새송이버섯 1개
느타리버섯 1/4팩
베이비 채소 1/4팩
식용유 적당량
슬라이스 아몬드 2
소금 약간

드레싱 재료

발사믹 식초 1
올리브 오일 1

만가닥버섯, 황금송이버섯, 백만송이버섯 등 모양도 이름도 다양한 버섯들이 많이 선보이니 계절과 입맛에 따라 버섯을 준비한다.

난이도 ★☆☆
2인분 [20분]

① 표고버섯 2개와 새송이버섯 1개는 밑동을 제거해서 모양대로 편으로 썰고, 느타리버섯 1/4팩은 가닥가닥 떼고, 베이비 채소 1/4팩은 물에 씻어 물기를 뺀다.

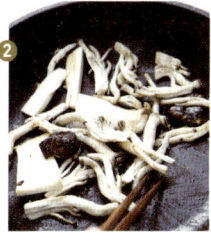

② 팬에 식용유를 두르고 표고버섯, 새송이버섯, 느타리버섯을 넣어 볶다가 소금으로 간한다.

③ 식용유를 두르지 않은 팬에 슬라이스 아몬드 2를 넣고 볶는다.

④ 볼에 볶은 버섯을 담고 발사믹 식초 1, 올리브 오일 1을 넣어 고루 섞어서 접시에 담고 베이비 채소와 구운 아몬드를 뿌린다.

참치 샐러드

양파의 매운맛을 없애려면 소금에 살짝 절여 물기를 짜서 사용한다.

주재료

참치 통조림(작은 것) 1통
양송이버섯 2개
오이 1/4개
양파 1/4개
올리브 1개
치커리 약간

드레싱 재료

마요네즈 2
양겨자 0.5
레몬즙 0.3
소금·후춧가루 약간씩

대체 식재료

레몬즙 ▶ 식초

난이도 ★☆☆
2인분 [20분]

① 참치는 체에 밭쳐 기름기를 제거하고 대강 으깬다.

② 양송이버섯 2개는 씻어 모양대로 썰고, 오이 1/4개는 반 잘라 어슷썰고, 양파 1/4개는 다진다.

③ 마요네즈 2, 양겨자 0.5, 레몬즙 0.3, 소금과 후춧가루 약간씩을 섞어 드레싱을 만든다.

④ 오래 두면 물이 많이 생기므로 먹기 직전에 볼에 모든 재료와 드레싱을 한데 넣어 고루 섞는다.

칼슘 샐러드

주재료
무(5cm 길이) 1/4토막
어린순 1줌
마른 해초 1/4컵
잔멸치 2

드레싱 재료
간장 2
포도씨 오일 1
식초 1
설탕 0.5
다진 마늘 0.3
후춧가루 약간

대체 식재료
포도씨 오일 ▶ 올리브 오일

난이도 ★☆☆
2인분 [20분]

잔멸치 대신 보리새우나 뱅어포를 얇게 썰어 올려도 좋다.

① 무 1/4토막은 채썰어 찬물에 담갔다가 건지고, 어린순 1줌은 찬물에 담갔다가 건져 물기를 뺀다.

② 마른 해초 1/4컵은 찬물에 불렸다가 건져 물기를 뺀다.

③ 잔멸치 2는 기름을 두르지 않은 팬에 바삭바삭하게 볶는다.

④ 간장 2, 포도씨 오일 1, 식초 1, 설탕 0.5, 다진 마늘 0.3, 후춧가루 약간을 섞어 준비한 재료에 버무린다.

다크써클용 연어 샐러드

케이퍼는 지중해 연안에서 자라는 식물의 꽃봉오리를 따서 초절임한 것으로 연어 요리에 곁들이면 연어의 기름진 맛을 덜어준다.

재료
베이비 채소 1/4팩
양파 1/4개
레몬 1/2개
훈제 연어 1/2팩
케이퍼 1
소금·통후추 약간씩
올리브 오일 적당량

난이도 ★☆☆
2인분 [20분]

1 베이비 채소 1/4팩은 흐르는 찬물에 헹궈 물기를 빼고, 양파 1/4개는 껍질을 벗기고 곱게 채썰고, 레몬 1/2개는 웨지 모양으로 자른다.

2 접시에 훈제 연어 1/2팩을 먹음직스럽게 펼쳐 담고 레몬즙을 골고루 뿌린 다음 소금, 통후추를 갈아 뿌려 밑간한다.

3 훈제 연어 위에 올리브 오일을 적당히 뿌린다.

4 연어 위에 양파, 케이퍼, 베이비 채소를 보기 좋게 올린다.

주재료

밥 1공기
오이 1/2개
소금 약간
김 1장
생와사비 약간

단촛물 재료

식초 1.5
설탕 1
소금 0.5
레몬즙 1

대체 식재료

생와사비 ▶ 가루와사비
오이 ▶ 파프리카

오이 와사비롤

흰밥 대신 흑미, 현미 등으로 만들어도 된다.

난이도 ★★☆
2인분 [20분]

❶ 밥 1공기는 따끈하게 준비해서 식초 1.5, 설탕 1, 소금 0.5, 레몬즙 1을 넣어 고루 버무린다.

❷ 오이 1/2개는 길이대로 6등분해서 씨를 제거하고 소금을 뿌려 살짝 절인 후 물기를 꼭 짠다. 김 1장은 반으로 자른다.

❸ 김발에 김을 깔고 밥을 골고루 펴서 뒤집어 생와사비를 약간 펴 바른 후 절인 오이를 넣고 돌돌 만다.

❹ 오이 와사비롤을 먹기 좋은 크기로 잘라 접시에 담는다.

단호박 들깨무침

재료
단호박 1/4개
소금 약간
올리브 오일 2
들깻가루 2
맛술 1

대체 식재료
단호박 ▶ 고구마

들깻가루는 껍질째 간 것과 껍질을 벗기고 간 것 두 종류가 있는데 고소한 맛을 내는 요리에는 껍질을 벗기고 간 들깻가루를 볶아 사용한다.

난이도 ★★☆
2인분 [20분]

1. 단호박 1/4개는 흐르는 물에 깨끗이 씻어 씨를 제거한 후 0.5cm 두께로 잘라 소금과 올리브 오일 2를 뿌린다.

2. 200℃로 예열한 그릴에 10분 정도 굽는다.

3. 볼에 구운 단호박을 담고 들깻가루 2와 맛술 1을 뿌려 버무린다.

달래 사과무침

주재료
달래 100g
사과 1/2개

양념장 재료
멸치액젓 1
고춧가루 0.5
설탕 0.3
다시마 우린 물 0.5
다진 마늘 0.3
생강즙 약간

대체 식재료
달래 ▶ 영양부추

난이도 ★☆☆
2인분 [20분]

달래에 양념장을 넣어 살살 버무려야 풋내가 나지 않는다.

❶ 달래 100g은 다듬어 씻어서 물기를 빼서 4cm 길이로 썬다.

❷ 사과 1/2개는 껍질째 깨끗이 씻어 4등분한 후 씨를 제거하고 도톰하게 나박썰기 한다.

❸ 멸치액젓 1, 고춧가루 0.5, 설탕 0.3, 다시마 우린 물 0.5, 다진 마늘 0.3, 생강즙 약간을 고루 섞어 양념장을 만든다.

❹ 볼에 달래와 사과를 담고 양념장을 넣어 고루 버무린다.

도토리묵 무침

도토리묵을 썰 때 물결무늬가 있는 묵칼을 이용하면 양념도 잘 배고 젓가락으로 집기도 쉽다.

주재료
도토리묵 1/2모
오이 1/4개
양파 1/6개
깻잎 5장
홍고추 · 풋고추 1/4개씩
김가루 1
통깨 약간

양념장 재료
간장 2
고춧가루 2
물엿 1
설탕 0.5
식초 1
다진 마늘 0.5
참기름 1

대체 식재료
시금치 ▶ 쑥갓

난이도 ★☆☆
2인분 [20분]

도토리묵 1/2모는 도톰하게 썬다.

오이 1/4개는 어슷하게 썰고, 양파 1/6개는 채썰고, 깻잎 5장은 반을 잘라 채썰고, 홍고추와 풋고추 1/4개도 채썬다.

간장 2, 고춧가루 2, 물엿 1, 설탕 0.5, 식초 1, 다진 마늘 0.5, 참기름 1을 섞어 양념장을 만든다.

볼에 오이, 양파, 묵을 담고 양념장을 넣어 버무린 다음 깻잎과 홍고추, 풋고추를 넣고 통깨 약간을 솔솔 뿌린다.

브로콜리 깨 된장무침

주재료
브로콜리 1/2송이
소금 약간
잔새우 2

깨 된장 소스 재료
곱게 간 깨 2
된장 1
식초 0.5
설탕 0.5
참기름 0.5

대체 식재료
브로콜리 ▶ 콜리플라워
잔새우 ▶ 잔멸치

브로콜리는 봉오리만 먹지 말고 섬유질이 풍부한 줄기까지 먹는다. 그러나 줄기는 질길 수 있으니 껍질을 벗겨내고 납작하게 썰어서 요리한다.

난이도 ★☆☆
2인분 [20분]

❶ 브로콜리 1/2송이는 송이 송이로 떼어낸 후 끓는 물에 소금을 약간 넣고 데쳐 찬물로 헹구어 물기를 뺀다.

❷ 잔새우 2는 손질하여 식용유를 두르지 않은 팬에 살짝 볶는다.

❸ 곱게 간 깨 2를 된장 1, 식초 0.5, 설탕 0.5, 참기름 0.5와 섞어 깨 된장 소스를 만든다.

❹ 볼에 브로콜리와 잔새우를 넣고 깨 된장 소스를 넣어 살살 버무린다.

시금치 깨 소스 무침

볶은 깨는 조리하기 직전에 빻아야 향과 맛을 살릴 수 있다.

주재료
시금치 1/2단
소금 약간

소스 재료
볶은 깨 2
마요네즈 1
간장 0.5
소금 약간

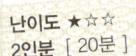
난이도 ★☆☆
2인분 [20분]

시금치 1/2단은 끓는 물에 소금을 약간 넣고 데쳐 찬물에 헹궈서 물기를 꼭 짜고 한 입 크기로 썬다.

볶은 깨 2는 절구에 넣어 곱게 빻는다.

볼에 빻은 깨와 마요네즈 1, 간장 0.5, 소금 약간을 넣어 섞는다.

데친 시금치에 소스 재료를 넣어 고루 버무린다.

조개 미나리 무침

주재료
바지락 조갯살 100g
소금 약간
돌미나리 100g
배 1/8개
오이 1/4개
소금 약간

고추장 재료
고추장 2
식초 1.5
고춧가루 0.5
설탕 1
다진 파 1
다진 마늘 0.5
깨소금 약간

먼저 조갯살에 양념장을 넣어 무친 다음 채소와 나머지 양념장을 무쳐야 양념도 고루 배고 채소의 아삭한 맛도 살릴 수 있다.

난이도 ★☆☆
2인분 [20분]

① 바지락 조갯살 100g은 끓는 물에 소금을 넣어 데친 다음 체에 밭쳐 물기를 뺀다.

② 돌미나리 100g은 4cm 길이로 썰고, 배 1/8개는 굵게 채썬다. 오이 1/4개는 4cm 길이로 썰어 반으로 잘라 씨를 빼고 0.5cm 두께로 썰어 소금에 살짝 절여 손으로 물기를 꼭 짠다.

③ 고추장 2, 식초 1.5, 고춧가루 0.5, 설탕 1, 다진 파 1, 다진 마늘 0.5, 깨소금 약간을 섞어 고추장을 만든다.

④ 바지락 조갯살에 고추장 양념장을 반만 넣어 버무린 후 돌미나리, 배, 오이를 넣고 나머지 양념장을 넣어 고루 버무린다.

두부와 버섯 소스

버섯은 스펀지와 같아 물에 오래 담가두면 수분이 흡수되어 특유의 향과 맛이 없어지므로 물에 한 번 씻어 바로 건진다.

주재료
두부(큰 것) 1/2모
소금 약간
느타리버섯 1/4팩
팽이버섯 1/4봉지
실파 1뿌리
다진 마늘 0.5
식용유 적당량

생강 소스 재료
다시마 우린 물 1/2컵
설탕 0.3
간장 1
다진 마늘 0.3
소금 · 생강즙 약간씩
녹말물 1

난이도 ★☆☆
2인분 [20분]

❶ 두부 1/2모는 두툼하게 썰어 소금을 살짝 뿌려 식용유를 두른 팬에 앞뒤로 노릇하게 지진다.

❷ 느타리버섯 1/4팩, 팽이버섯 1/4봉지, 실파 1뿌리는 다듬어 씻어서 2cm 길이로 자른다.

❸ 냄비에 다시마 우린 물 1/2컵, 설탕 0.3, 간장 1, 다진 마늘 0.3, 소금과 생강즙을 약간씩 넣어 끓이다 버섯과 실파를 넣고 살짝 끓인 후 녹말물 1을 풀어 되직하게 만든다.

❹ 그릇에 지진 두부를 담고 생강 소스를 곁들인다.

매실 오이냉국

주재료
오이 1/2개
마른 미역 1/4컵

미역 양념 재료
다진 마늘 0.3
국간장 0.5
고춧가루 0.3
깨소금·참기름 약간씩

국물 재료
물 2컵
국간장 1
설탕 1
식초 2
소금 0.3

난이도 ★☆☆
2인분 [20분]

소면을 삶아서 말아먹으면 오이냉국 소면이 된다.

① 오이 1/2개는 껍질째 씻어 곱게 채썬다.

② 마른 미역 1/4컵은 물에 담가 불린 후 끓는 물에 살짝 데쳐 물기를 꼭 짠 다음 다진 마늘 0.3, 국간장 0.5, 고춧가루 0.3, 깨소금과 참기름을 약간씩 넣어 바락바락 주물러 간이 배도록 한다.

③ 팔팔 끓여 식힌 물 2컵에 국간장 1, 설탕 1, 식초 2, 소금 0.3을 넣고 간을 맞추어 냉장고에서 차게 식힌다.

④ 그릇에 양념한 미역과 채썬 오이를 담고 차가운 냉국물을 붓는다.

수삼 봄나물 냉채

수삼은 뿌리를 다듬어 몸통만 사용하는 경우가 많은데 영양은 뿌리에 더 많다.

주재료
달래 50g
대추 2개
오이 1/2개
굵은소금 약간
수삼 1뿌리

양념장 재료
식초 2
설탕 1.5
다진 마늘 0.3
소금·통깨 약간씩

대체 식재료
수삼 ▶ 미삼, 밤, 고구마

난이도 ★☆☆
2인분 [20분]

1. 달래 50g은 뿌리를 다듬어 씻어 4cm 길이로 썰고, 대추 2개는 주름진 곳을 젖은 행주로 깨끗이 닦아서 채썬다.

2. 오이 1/2개, 수삼 1뿌리는 굵은소금으로 문질러 씻은 다음 4cm 길이로 납작하게 썬다.

3. 식초 2, 설탕 1.5, 다진 마늘 0.3, 소금, 통깨를 약간씩 섞어 양념장을 만든다.

4. 먹기 직전에 달래, 오이에 양념장을 넣어 무친다.

해초 미역나물

주재료
불린 여러 가지 해초 1컵
불린 미역 1/2컵

양념 재료
참치 한스푼 1
고춧가루 0.5
다진 파 0.5
다진 마늘 0.3
깨소금 0.5
참기름 1

마른 해초나 미역은 찬물에 불렸다가 사용하는데, 물에 불리면 8~10배 정도로 양이 불어난다.

난이도 ★☆☆
2인분 [20분]

❶ 불린 해초 1컵과 미역 1/2컵은 끓는 물에 살짝 데쳐 물기를 빼고 한 입 크기로 자른다.

❷ 참치 한스푼 1, 고춧가루 0.5, 다진 파 0.5, 다진 마늘 0.3, 깨소금 0.5, 참기름 1을 섞어 양념장을 만든다.

❸ 볼에 해초와 미역을 넣고 양념장을 넣어 조물조물 무친다.

명란을 채운 연근

재료
연근 1/4개
소금 약간
실파 2뿌리
명란젓 1덩이
참기름 0.5
깨소금 0.5

> 연근은 가늘고 길쭉한 것으로 준비해야 속을 채우기도 편하고 썰었을 때 모양도 좋다.

난이도 ★☆☆
2인분 [20분]

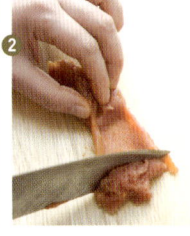

① 연근 1/4개는 껍질을 벗겨 끓는 물에 소금을 약간 넣어 데치고, 실파 2뿌리는 다듬어 씻어 송송 썬다.

② 명란젓 1덩이는 끝 부분을 잘라 칼등으로 밀어 알을 빼고 볼에 담아 실파, 참기름 0.5, 깨소금 0.5를 넣어 고루 섞는다.

③ 삶은 연근에 ②를 채운다.

④ 연근을 0.5cm 두께로 썰어 접시에 담는다.

연근 절임에 싼 채소

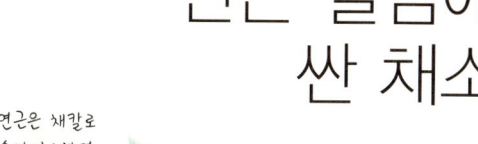

주재료
- 연근 1/4개
- 소금 약간
- 새송이버섯 2개
- 무순 1/4팩
- 치커리 약간

연근 단촛물 재료
- 치자 1/2개
- 식초 2
- 설탕 1
- 소금 0.3
- 물 2

연근은 채칼로 슬라이스하면 일정한 두께로 얇게 썰 수 있다.

난이도 ★☆☆
2인분 [20분]

①

②

③

④

연근 1/4개는 껍질을 벗기고 얇게 썰어 끓는 물에 소금을 약간 넣고 살짝 데쳐 물기를 빼고, 새송이버섯 2개는 길이로 6~8등분하여 끓는 물에 소금을 넣고 데쳐 물기를 뺀다.

무순 1/4팩은 뿌리 끝을 살짝 자르고, 치커리 약간은 무순 길이로 썬다.

치자 1/2개는 쪼개어 물에 담가 10분 정도 우린 후 걸러내고 식초 2, 설탕 1, 소금 0.3, 물 2와 섞어 연근을 넣어 절인다.

연근에 치자의 노란색이 물들면 건져내어 물기를 빼고 새송이버섯, 무순, 치커리를 넣어 돌돌 말아 식성에 따라 겨자초장이나 초고추장을 곁들인다.

저칼로리 콩조림

주재료

완두콩 1/4컵
강낭콩 1/4컵
곤약 1/4모
다시마(10×10cm) 1장

조림장 재료

간장 1.5
물엿 1
설탕 0.5
후춧가루 약간
물 1컵

난이도 ★☆☆
2인분 [20분]

완두콩 1/4컵, 강낭콩 1/4컵은 물에 씻어서 건진다.

곤약 1/4모는 한 입 크기로 썰어서 끓는 물에 데쳐 곤약 특유의 냄새를 없앤다.

다시마 1장은 곤약 크기로 자른다.

냄비에 간장 1.5, 물엿 1, 설탕 0.5, 후춧가루 약간, 물 1컵을 넣고 콩과 곤약, 다시마를 넣어 조림장 국물이 거의 없어질 때까지 조린다.

주재료
가지 2개
풋고추 1/2개
홍고추 1/2개
식용유 3

조림장 재료
물 1/2컵
간장 2
맛술 1
설탕 0.3

입에 녹는 가지조림

가지를 구이나 볶음 요리로 만들 때는 가지에 기름을 버무려서 조리해야 기름이 골고루 스며든다.

난이도 ★☆☆
2인분 [20분]

1 가지 2개는 필러로 껍질을 벗겨 적당한 크기로 썰고, 풋고추 1/2개, 홍고추 1/2개는 어슷하게 썬다.

2 팬에 식용유 3을 두르고 가지를 넣어 노릇노릇하게 지진다.

3 냄비에 물 1/2컵, 간장 2, 맛술 1, 설탕 0.3을 넣어 끓여 가지를 넣어 조리다가 조림장이 배면 풋고추, 홍고추를 넣어 살짝 조린다.

가자미찜

> 가자미 대신 가오리나 홍어를 이용해도 되며 기호에 따라 양념장에 고춧가루를 넣어도 된다.

주재료
반건조 가자미 1마리
청주 1
석이버섯 2개
실파 2뿌리
홍고추 약간

양념장 재료
간장 2
설탕 0.5
다진 마늘 1
참기름 1
깨소금 1
생강즙 약간

대체 식재료
석이버섯 ▶ 검은깨

난이도 ★☆☆
2인분 [20분]

① 가자미 1마리는 6cm 크기로 토막 내어 청주 1을 뿌린다.

② 석이버섯 2개는 미지근한 물에 불려 깨끗이 씻어 물기를 제거하고 돌돌 말아 곱게 채썰고, 실파 2뿌리는 송송 썰고 홍고추는 가늘게 채썬다.

③ 간장 2, 설탕 0.5, 다진 마늘 1, 참기름 1, 깨소금 1, 생강즙을 약간 섞어 양념장을 만든다.

④ 가자미를 찜통에서 10분 정도 쪄서 접시에 담고 그 위에 양념장을 올리고 실파, 석이버섯, 실고추를 얹는다.

새우 실파 달걀볶음

재료
달걀 2개
맛술 1
소금·후춧가루 약간씩
새우살 1/4컵
실파 3뿌리
식용유 적당량
다진 마늘 0.5

대체 식재료
새우살 ▶ 마른 새우

봄에는 실파 대신 여러 가지 봄나물을 넣어도 좋다.

난이도 ★☆☆
2인분 [20분]

달걀 2개는 곱게 풀어 맛술 1, 소금과 후춧가루를 넣어 간한다.

새우살 1/4컵은 엷은 소금물에 흔들어 씻어 물기를 제거하고, 실파 3뿌리는 다듬어 씻어서 3cm 길이로 썬다.

팬에 식용유를 두르고 다진 마늘 0.5를 넣어 볶다가 마늘 향이 나면 새우살을 넣어 볶는다.

③에 달걀물을 스크램블하듯 볶다가 달걀이 거의 익으면 실파를 넣고 살짝 볶는다.

조개 채소볶음

배추 대신 양배추나 청경채를 넣어도 맛있다.

재료
배추 잎 2장
바지락 1봉지
소금 약간
마른 표고버섯 2개
홍고추 1/4개
마늘 1쪽
생강 1/4톨
식용유 적당량
청주 0.5
굴소스 0.5
참기름 0.5
통깨 약간

난이도 ★☆☆
2인분 [20분]

1. 배추 잎 2장은 물에 씻어 1cm 폭으로 납작하게 썰고, 바지락 1봉지는 옅은 소금물에 담가 해감한 후 깨끗이 씻는다.

2. 마른 표고버섯 2개는 찬물에 불려 밑동을 떼고 가늘게 채썰고, 홍고추 1/4개는 굵직하게 다지고, 마늘 1쪽과 생강 1/4톨도 곱게 다진다.

3. 팬에 식용유를 약간 두르고 마늘, 생강을 넣어 볶다가 향이 우러나면 바지락을 넣어 볶다가 조개 입이 벌어지면 배추와 표고버섯, 청주 0.5를 넣어 볶는다.

4. 배추가 익으면 굴소스 0.5와 다진 홍고추를 넣어 다시 한 번 볶다가 참기름 0.5와 통깨를 약간 뿌린다.

뿌리채소 두부볶음

주재료
두부 1/2모
우엉 1/2대
표고버섯 2개
당근 1/8개
풋고추 1개
참기름 1
깨소금·소금 약간씩

양념 재료
굴소스 0.5
간장 0.3
물엿 0.5
맛술 2

두부는 물기가 적은 단단한 것으로 준비하고 굴소스는 매콤한 맛보다는 전복으로 만든 굴소스가 좋다.

난이도 ★☆☆
2인분 [20분]

① 두부 1/2모는 묵직한 것을 올려 살짝 눌러 물기를 빼고 손으로 굵게 으깬다.

② 우엉 1/2대, 표고버섯 2개, 당근 1/8개, 풋고추 1개는 채썬다.

③ 팬에 참기름 1을 두르고 우엉, 당근, 표고버섯을 넣어 볶다가 굴소스 0.5, 간장 0.3, 물엿 0.5, 맛술 2를 넣어 졸인다.

④ 뿌리채소에 양념이 배면 두부를 넣어 섞고 깨소금을 뿌린 후 소금으로 간을 맞춘다.

말린 묵볶음

많은 양을 볶을 때 들기름만 사용하면 기름이 달구어지면서 거품이 많이 생기므로 들기름에 식용유나 포도씨 오일을 섞어 사용한다.

주재료
말린 묵 1/2컵
꽈리고추 5개
들기름 1
통깨 0.5

조림장 재료
간장 2
물엿 1
설탕 0.3

대체 식재료
꽈리고추 ▶ 풋고추, 마늘종

난이도 ★☆☆
2인분 [20분]

① 말린 묵 1/2컵은 찬물에 담가 불린 후 부드럽게 불면 건져 물기를 뺀다.

② 꽈리고추 5개는 물에 씻어 꼭지를 떼고 큰 것은 길이로 반 자른다.

③ 팬에 들기름 1을 두르고 물에 불린 묵을 넣어 볶다가 간장 2, 물엿 1, 설탕 0.3을 넣어 조린 후 꽈리고추를 넣어 볶는다.

④ 윤기 나게 조려지면 통깨 0.5를 뿌린다.

들깨와 땅콩강정

주재료
볶은 들깨 2컵
땅콩 2컵

시럽 재료
물 3
설탕 5
물엿 6

볶은 들깨나 땅콩 외에 호박씨, 해바라기씨 등을 넣으면 다양한 맛의 강정을 즐길 수 있다.

난이도 ★☆☆
2인분 [20분]

① 볶은 들깨 2컵과 땅콩 2컵은 큰 볼에 각각 담아 준비한다.

② 시럽 재료인 물 3, 설탕 5, 물엿 6을 냄비에 넣고 끓인다.

③ 볶은 들깨와 땅콩에 끓인 시럽을 절반씩 나눠 넣고 재빨리 섞는다.

④ 굳기 전에 모양틀에 넣어 모양을 만들거나 네모나게 만들어 먹기 좋은 크기로 자른다.

양파 튀김

빵가루는 타기 쉬우므로 튀긴 후에 가는 체로 튀김기름의 빵가루를 걸러내여 튀긴다.

재료

양파 1/2개
달걀 1개
소금·후춧가루 약간씩
빵가루 1/2컵
카레가루 1
튀김가루 2
튀김기름 적당량

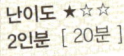

난이도 ★☆☆
2인분 [20분]

① 양파 1/2개는 껍질을 벗기고 씻어 1cm 두께의 링 모양으로 썰어 한 겹씩 낱낱이 떼어놓는다.

② 볼에 달걀 1개를 푼 다음 소금과 후춧가루로 간한다.

③ 빵가루 1/2컵에 약간 물기를 뿌린 후 카레가루 1을 넣어 골고루 섞는다.

④ 양파링에 튀김가루 2를 얇게 묻혀서 달걀물에 담갔다가 카레가루를 섞은 빵가루를 손으로 꾹꾹 눌러가며 고루 묻혀 180℃의 튀김기름에 바삭하게 튀긴다.

투 플러스 매운 장떡

재료
- 청양고추 2개
- 깻잎 10장
- 부침가루 1/2컵
- 물 1/2컵
- 고추장 1
- 소금 약간
- 식용유 적당량

대체 식재료
깻잎 ▶ 애호박

고추장떡은 지질 때 타기 쉬우므로 얇게 지지도록 묽게 반죽하는 것이 좋다. 또 전을 지질 때는 식용유를 두른 후 팬을 달궈야 전이 기름을 적게 흡수한다.

난이도 ★☆☆
2인분 [20분]

① 청양고추 2개는 꼭지를 떼고 씨째 다지고, 깻잎 10장은 꼭지를 잘라내고 굵게 다진다.

② 볼에 부침가루 1/2컵을 담고 물 1/2컵을 부어 반죽해서 고추장 1, 소금 약간을 넣어 잘 섞는다.

③ 반죽에 청양고추, 깻잎을 넣어 잘 섞는다.

④ 팬에 식용유를 두르고 달군 다음 반죽을 한 숟가락씩 떠 넣어 노릇하게 지진다.

표고버섯 나물전

표고버섯은 물기를 꼭 짜서 볶아야 쫄깃쫄깃하여 구수한 맛이 난다. 마른 취나물은 찬물에 담갔다가 끓는 물에 삶아 사용하고 취나물 대신 고사리, 가지, 호박고지 등을 넣어도 된다.

난이도 ★★
2인분 [20분]

주재료
마른 표고버섯 4개
식용유 적당량
소금 약간
마른 취나물 1/4줌
메밀가루 1컵
물 4/5컵

취나물 양념 재료
국간장 0.5
다진 파 0.5
다진 마늘 0.3
참기름 0.5

간장 재료
간장 2
식초 1
맛술 0.5

대체 식재료
메밀가루 ▶
도토리가루, 호박가루, 부침가루

① 마른 표고버섯 4개는 미지근한 물에 불려 물기를 꼭 짜서 밑동을 잘라내고 채썰어 식용유를 두른 팬에 노르스름하게 볶아 소금으로 간한다.

② 마른 취나물 1/4줌은 하루 정도 미지근한 물에 불려 푹 삶아 부드러워지면 물기를 제거하고 4cm 길이로 자른다.

③ 취나물에 국간장 0.5, 다진 파 0.5, 다진 마늘 0.3, 참기름 0.5를 넣어 조물조물 무쳐 팬에서 볶는다.

④ 볼에 메밀가루 1컵, 물 4/5컵을 넣고 반죽하여 볶은 표고버섯과 취나물을 넣어 섞는다.

⑤ 팬에 식용유를 넉넉히 두르고 ④의 반죽을 한 숟가락씩 떠서 앞뒤로 노릇하게 부친다.

⑥ 간장 2, 식초 1, 맛술 0.5를 섞어 초간장을 만들어 곁들인다.

옥수수전

재료
옥수수 1컵
부침가루 1/2컵
물 1/2컵
소금 약간
식용유 적당량

대체 식재료
옥수수 ▶ 완두콩
부침가루 ▶ 밀가루

옥수수는 단맛이 있어 타기 쉬우므로 타지 않도록 은근한 불에 지진다.

난이도 ★☆☆
2인분 [20분]

❶ 옥수수 1/2컵을 믹서에 넣어 곱게 간다.

❷ 볼에 부침가루 1/2컵과 물 1/2컵, 곱게 간 옥수수를 넣어 반죽한다.

❸ 반죽에 나머지 옥수수 1/2컵을 넣어 섞고 소금으로 간한다.

❹ 팬에 식용유를 넉넉히 두르고 반죽을 한 숟가락씩 떠 넣어 동그랗게 전을 부친다.

어른 잡채

093

주재료
- 쇠고기 100g
- 부추 50g
- 양파 1/4개
- 마른 표고버섯 2개
- 식용유 1
- 고추기름 1
- 간장 0.5
- 굴소스 0.5
- 설탕 약간
- 청주 0.5
- 후춧가루 약간
- 참기름 0.3

쇠고기 양념 재료
- 소금 · 후춧가루 약간씩
- 녹말 1
- 달걀흰자 1개분

대체 식재료
- 쇠고기 ▶ 돼지고기

난이도 ★★☆
2인분 [20분]

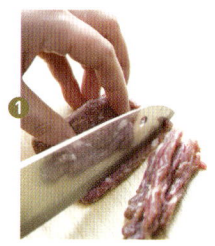

1. 쇠고기 100g은 6cm 길이로 채썰어 소금과 후춧가루로 밑간하고 녹말 1, 달걀흰자를 넣고 고루 섞는다.

2. 부추 50g은 다듬어 씻어서 6cm 길이로 썰고, 양파 1/4개는 채썰고, 마른 표고버섯 2개는 물에 불려 밑동을 자르고 물기를 꼭 짠 다음 가늘게 채썬다.

3. 팬에 식용유 1을 두르고 뜨겁게 달궈 쇠고기를 센 불에서 볶아서 접시에 담아둔다. 팬에 고추기름 1을 두르고 달구어 간장 0.5를 넣은 다음 채썬 양파와 표고버섯을 볶는다.

4. 양파와 표고버섯의 숨이 죽으면 굴소스 0.5, 설탕 약간, 청주 0.5, 후춧가루를 넣어 간을 맞추고 볶아둔 쇠고기를 섞은 후 부추를 넣어 살짝 볶고 참기름 0.3을 뿌린다.

골라 먹는 어묵꼬치

주재료
어묵(작은 것) 1팩
곤약 1/4개
가래떡 1/2줄
무(2cm 길이) 1/4토막
쑥갓 약간

국물 재료
물 3컵
다시마(5×5cm) 1장
가다랑어포(가츠오부시) 1/3줌
간장 2
소금 약간

대체 식재료
가다랑어포 ▶ 참치진국

기호에 따라 간장에 와사비를 풀어서 찍어 먹어도 된다.

난이도 ★☆☆
2인분 [20분]

① 어묵 1팩은 여러 가지 종류가 들어 있는 것으로 준비하여 큰 어묵은 한 입 크기로 자르고, 곤약 1/4개와 가래떡 1/2줄도 한 입 크기로 자른다.

② 무 1/4토막은 큼직하게 2~3등분하고, 꼬치에 어묵, 곤약, 가래떡을 먹음직스럽게 꿴다.

③ 냄비에 물 3컵, 다시마 1장을 넣어 물이 끓어 오르면 다시마는 건져내고 가다랑어포 1/3줌을 넣은 후 불을 끄고 5분간 두었다가 가다랑어포가 바닥에 가라앉으면 국물을 거른다.

④ 냄비에 맑은 육수를 붓고 무를 넣어 끓이다가 꼬치를 넣고 끓인다. 간장 2로 색을 내고 소금으로 간하고 쑥갓을 약간 넣는다.

조개탕

재료
모시조개 200g
소금 약간
풋고추 1/4개
홍고추 1/4개
마늘 1쪽
대파 1/4대
물 3컵

대체 식재료
모시조개 ▶ 홍합, 바지락

남은 조개는 살만 발라 냉동시켰다가 해동해 조리한다.

난이도 ★☆☆
2인분 [20분]

① 모시조개 200g은 엷은 소금물에 담가 해감한 후 깨끗이 씻는다.

② 풋고추 1/4개와 홍고추 1/4개는 어슷썰고, 마늘 1쪽은 곱게 다지고, 대파 1/4대는 송송 썬다.

③ 냄비에 모시조개를 담고 찬물 3컵을 부어 끓이다가 국물이 끓기 시작하면 불을 줄이고 거품을 걷어낸다.

④ 국물이 뽀얗게 우러나면 다진 마늘, 풋고추, 홍고추를 넣고 소금으로 간하여 대접에 담고 대파를 올린다.

연두부 명란젓 찌개

새우젓이 없으면 멸치액젓이나 까나리액젓, 액젓 소스 등으로 간한다.

재료

명란젓 2덩이
무(2cm 길이) 1/2토막
풋고추 1/2개
홍고추 1/2개
실파 1뿌리
물 2컵
연두부 1/2모
새우젓 1
다진 마늘 0.3
소금 약간
참기름 0.3

난이도 ★☆☆
2인분 [20분]

명란젓 2덩이는 3등분으로 자르고, 무 1/2토막은 납작하게 썰고, 풋고추 1/2개와 홍고추 1/2개는 꼭지를 떼어 어슷하게 썰고, 실파 1뿌리는 3cm 길이로 썬다.

냄비에 물 2컵을 부어 끓으면 무를 넣어 끓이다가 무가 반 정도 익으면 명란젓을 넣어 거품을 걷어내며 끓인다.

연두부 1/2모는 숟가락으로 큼직하게 뚝뚝 떠 넣고, 새우젓 1로 간한다.

풋고추, 홍고추, 실파와 다진 마늘 0.3을 넣고 소금으로 간을 맞춘 후 참기름 0.3을 뿌린다.

홍합탕

097

재료

홍합 200g
두부 1/4모
풋고추 1/2개
홍고추 1/2개
대파 1/4대
소금 약간

대체 식재료

두부 ▶ 연두부, 순두부

> 추운 겨울이 제철인 홍합은 봄이 되면 독소가 생겨 맛이 없어진다. 많은 양을 끓일 때는 껍질 홍합과 홍합살을 섞어서 끓여야 조리하기 쉽고 맛도 좋다.

난이도 ★☆☆
2인분 [20분]

1. 홍합 200g은 흐르는 물에 씻어 껍데기에 붙어 있는 잔털을 제거한다.

2. 두부 1/4모는 먹기 좋은 크기로 썰고, 풋고추 1/2개, 홍고추 1/2개, 대파 1/4대는 어슷하게 썬다.

3. 냄비에 홍합을 담고 물 3컵을 부어 끓여 거품을 걷어내며 끓인다.

4. 두부를 넣어 끓이다가 풋고추, 홍고추, 대파를 넣어 한소끔 끓인 후 소금으로 간한다.

콩나물 사랑한다면

주재료
콩나물 1/4봉지
대파 1/4대
멸치 육수 4컵
생라면 2인분
소금 약간

양념 재료
고춧가루 1
국간장 1
다진 마늘 1

대체 식재료
생라면 ▶ 칼국수면

> 멸치 국물은 시판용 국물로 대신하거나 북어 대가리를 끓인 육수를 사용해도 좋다.

난이도 ★☆☆
2인분 [20분]

① 콩나물 1/4봉지는 찬물에 헹궈 물기를 빼고, 대파 1/4대는 어슷썬다.

② 냄비에 멸치 육수 4컵을 붓고 콩나물을 넣어 끓인다.

③ 콩나물이 익으면 고춧가루 1, 국간장 1, 다진 마늘 1을 넣어 중간 불로 끓인다.

④ ③에 생라면 2인분을 넣고 끓여 라면이 거의 익으면 소금으로 간한 후 마지막에 대파를 넣고 살짝 끓인다.

옥수수 살사와 스낵

재료
- 나초 1줌
- 토마토 1개
- 양파 1/4개
- 할라피뇨 1개
- 옥수수콘 1/4컵
- 다진 마늘 0.5
- 레몬즙 0.5
- 소금·후춧가루 약간씩

대체 식재료
- 할라피뇨 ▶ 풋고추, 청양고추
- 레몬즙 ▶ 식초

고소한 맛이 나는 나초는 옥수수가루로 만든 스낵으로 살사나 치즈를 올려 구워도 좋다. 할라피뇨는 서양의 작고 통통한 고추를 절인 것으로 매운맛과 신맛이 잘 어우러진다.

난이도 ★☆☆
2인분 [20분]

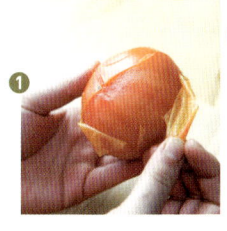

❶ 토마토 1개는 꼭지를 떼고 열십자로 칼집을 내서 끓는 물에 데쳐 찬물에 헹궈 껍질을 벗겨 씨를 빼고 굵게 다진다.

❷ 양파 1/4개, 할라피뇨 1개는 다진다.

❸ 다진 토마토, 다진 양파, 다진 할라피뇨, 옥수수콘 1/4컵, 다진 마늘 0.5, 레몬즙 0.5, 소금, 후춧가루를 약간씩 섞어 옥수수 살사를 만든다.

❹ 접시에 나초 1줌을 담고 옥수수 살사를 곁들인다.

이자카야 달걀말이

주재료
달걀 3개
다시마 우린 물 1/4컵
설탕 1
맛술 1
소금 0.3
식용유 적당량

무즙 소스 재료
무(간 것) 2
간장 0.5

다시마 우린 물은 다시마을 찬물에 넣어 끓여서 식혀 사용한다. 또 설탕과 맛술을 넣으면 부드러운 맛이 나지만 불이 세면 타기 쉬우므로 불 조절을 잘해야 한다.

난이도 ★★★
2인분 [20분]

① 달걀 3개는 곱게 풀어 숟가락으로 알끈을 제거하고 체에 거른 후 다시마 우린 물 1/4컵, 설탕 1, 맛술 1, 소금 0.3을 넣어 간을 맞춘다.

② 팬에 식용유를 약간 두르고 달걀물을 조금씩 부은 후 은근한 불에 익혀 가며 돌돌 만다.

③ 달걀말이를 김발에 싸서 그릇 등으로 살짝 눌러 모양을 잡은 후 먹기 좋은 크기로 썰어 담는다.

④ 무 간 것 2에 간장 0.5를 섞은 후 달걀말이에 올려 먹는다.

연두부 달걀찜

재료

- 달걀 2개
- 다시마 우린 물 1/2컵
- 맛술 1
- 새우젓 0.5
- 소금 약간
- 연두부 1/4봉지
- 잘게 썬 채소(당근, 쪽파 등) 1/4컵

난이도 ★☆☆
2인분 [20분]

1. 달걀 2개는 잘 풀어 다시마 우린 물 1/2컵을 넣어 고루 섞는다.

2. 달걀물에 맛술 1, 새우젓 0.5, 소금 약간을 넣어 밑간한다.

3. 찜 그릇에 달걀물을 붓고 연두부 1/4봉지를 숟가락으로 떠 넣은 후 채소 1/4컵을 넣어 살살 섞는다.

4. 달걀물이 든 그릇에 랩을 씌우고 김이 오른 찜통에 넣어 10~15분 정도 찌거나 전자레인지에 넣어 달걀찜 버튼을 누른다.

레몬 주스에 절인 광어회

주재료
광어 1/2마리

소스 재료
양파 1/6개
레몬주스 5
꿀 1
올리브 오일 1
소금·후춧가루·레몬 껍질 약간씩

대체 식재료
광어 ▶ 도미
꿀 ▶ 올리고당, 물엿

카르파치오용 광어회는 얇게 떠서 소스에 재우는 것이 좋지만 생선 손질이 어려우면 아트나 수산시장에서 손질해놓은 광어회를 그대로 이용한다.

난이도 ★★☆
2인분 [20분]

❶ 광어 1/2마리는 얇게 포를 뜬다.

❷ 양파 1/6개는 곱게 다져 레몬주스 5, 꿀 1, 올리브 오일 1, 소금, 후춧가루, 레몬 껍질과 고루 섞는다.

❸ 회를 뜬 광어를 접시에 펴 담고 소스를 뿌린다.

뼈 건강 뱅어포칩

주재료
뱅어포 2장

양념장 재료
고추장 1
토마토케첩 1
맛술 0.5
물엿 1
생강즙 약간

> 고추장 양념 대신 마요네즈를 살짝 발라 구워도 된다.

난이도 ★☆☆
2인분 [20분]

① 고추장 1, 토마토케첩 1, 맛술 0.5, 물엿 1, 생강즙 약간을 섞어 양념장을 만든다.

② 뱅어포 2장에 양념장을 얇게 펴 바른다.

③ 석쇠나 프라이팬에 양념장을 바른 뱅어포를 앞뒤로 노릇노릇하게 굽는다.

④ 구운 뱅어포를 먹기 좋은 크기로 자른다.

오이 크림치즈 샌드

재료
오이 1/2개
굵은소금 약간
블랙 올리브 2개
크림치즈 1/4컵

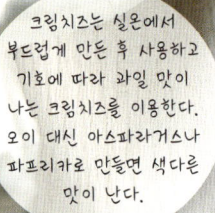

크림치즈는 실온에서 부드럽게 만든 후 사용하고 기호에 따라 과일 맛이 나는 크림치즈를 이용한다. 오이 대신 아스파라거스나 파프리카로 만들면 색다른 맛이 난다.

난이도 ★☆☆
2인분 [15분]

① 오이는 청오이로 1/2개를 준비하여 돌기를 굵은소금으로 문질러 씻어 길이대로 일정한 두께로 썰어 굵은소금을 약간 뿌린다.

② 블랙 올리브 2개는 곱게 다진다.

③ 크림치즈 1/4컵에 다진 블랙 올리브를 넣어 잘 섞는다.

④ 오이에 크림치즈를 넉넉히 바르고 오이를 올려 먹기 좋은 크기로 썬다.

모둠 타르트

주재료
타르트(작은 것) 20개
생크림 1컵
생과일(자른 것) 1컵
마른 과일 1/4컵
견과류 · 장식용 허브 약간씩

커스터드 크림 재료
커스터드 가루 1/4컵
우유 1컵

대체 식재료
타르트 ▶ 크래커, 식빵
커스터드 크림 ▶ 생크림

커스터드 가루는 달걀노른자, 설탕, 밀가루, 녹말 등을 섞어 가루로 만든 것으로 우유나 물을 넣고 섞기만 하면 된다. 슈크림이나 고구마 케이크를 구울 때 대활약한다.

난이도 ★ ☆ ☆
4인분 [20분]

1 커스터드 크림을 만든다. 커스터드 가루 1/4컵에 우유 1컵을 부어 부드럽게 섞는다.

2 생크림 1컵은 거품기로 부드럽게 거품을 내어 커스터드 크림과 반반씩 섞어 크림을 만든다.

3 타르트에 커스터드 크림, 생크림, 커스터드 크림과 생크림 섞은 것을 각각 올린다.

4 생과일과 마른 과일을 올리고 견과류를 뿌려서 허브로 장식한다.

30분 야참

Recipes 81

채소 라이스페이퍼롤

주재료
가는 쌀국수 50g
새우살 1/2컵
피망 1/2개
오이 1/4개
깻잎 5장
슬라이스 파인애플 1조각
라이스페이퍼 1/4팩

멸치액젓 소스 재료
멸치액젓 1.5
식초 1.5
설탕 1
파인애플즙 3
다진 풋고추 0.5
다진 홍고추 0.5
다진 양파 1

대체 식재료
가는 쌀국수 ▶ 소면

멸치액젓 소스 대신 피시소스를 사용해도 된다. 또 라이스페이퍼는 물이 식으면 뜨거운 물을 보충하여 불리면 되지만 너무 오래 담가두지 않도록 주의한다.

난이도 ★☆☆
2인분 [30분]

❶ 가는 쌀국수 50g은 물에 담가 불려서 끓는 물에 살짝 데쳐 찬물로 헹군 다음 물기를 뺀다.

❷ 새우살 1/2컵은 끓는 물에 삶아 건지고, 피망 1/2개, 오이 1/4개, 깻잎 5장은 가늘게 채썰고, 파인애플 1조각은 한 입 크기로 납작하게 썬다.

❸ 멸치액젓 1.5, 식초 1.5, 설탕 1, 파인애플즙 3, 다진 풋고추 0.5, 다진 홍고추 0.5, 다진 양파 1을 섞어 멸치액젓 소스를 만든다.

❹ 뜨거운 물에 라이스페이퍼를 담가 부드러워지면 건져 펼친 후 그 위에 준비한 재료를 담아 먹음직스럽게 접어 소스를 곁들인다.

재료

- 가지 1/2개
- 주키니 호박 1/2개
- 노랑 파프리카 1/2개
- 빨강 파프리카 1/2개
- 올리브 오일 2
- 발사믹 식초 1
- 다진 바질 0.5
- 소금 약간

채소구이 샐러드

애호박은 씨가 많고 수분이 많아서 구우면 흐물흐물해지기 쉬우니 주키니 호박을 사용하고 다진 바질은 없으면 넣지 않아도 된다.

난이도 ★☆☆
2인분 [30분]

① 가지 1개, 주키니 호박 1/2개는 먹기 좋은 크기로 썰어서 소금을 뿌린다.

② 노랑 파프리카 1/2개, 빨강 파프리카 1/2개는 겉면을 완전히 태워 비닐팩에 5분 정도 두었다가 껍질을 벗겨 먹기 좋은 크기로 썬다.

③ 절인 가지와 주키니 호박은 물기를 제거하고 팬에 굽는다.

④ 접시에 준비한 채소를 켜켜이 얹고 올리브 오일 2, 발사믹 식초 1, 다진 바질 0.5를 섞어 끼얹는다.

닭고기 냉채

닭고기를 삶을 시간조차 없을 만큼 바쁘다면 닭 가슴살 통조림을 활용하면 좋다.

주재료

닭 가슴살 1조각
숙주나물 100g
풋고추 4개
식용유 적당량
소금·통깨 약간씩

마늘 양념 재료

간장 0.3
식초 2
설탕 1.5
맛술 0.5
다진 마늘 1
소금 약간

대체 식재료

닭 가슴살 ▶ 통조림 닭 가슴살

난이도 ★★☆
2인분 [30분]

1 닭 가슴살 1조각은 끓는 물에 소금을 약간 넣고 삶아 물기를 빼서 가늘게 찢는다.

2 숙주나물 100g은 머리, 꼬리를 떼고 끓는 물에 소금을 넣고 데쳐 찬물에 헹구어 물기를 뺀다.

3 풋고추 4개는 반으로 잘라 숟가락으로 씨를 긁어내고 가늘게 채썰어 식용유를 두른 팬에 아삭하게 볶아서 소금으로 간하여 접시에 펴서 식힌다.

4 준비한 재료를 접시에 돌려 담고 간장 0.3, 식초 2, 설탕 1.5, 맛술 0.5, 다진 마늘 1, 소금 약간을 섞어 마늘 양념장을 만들어 뿌리고 통깨를 솔솔 뿌린다.

두부 부추 샐러드

주재료
두부 1/2모
느타리버섯 1/4봉
소금 약간
영양부추 1줌
양파 1/4개
치커리 적당량

드레싱 재료
간장 2
레몬즙 2
식초 1
올리브 오일 2
설탕 0.5
다진 마늘 0.5

대체 식재료
느타리버섯 ▶ 팽이버섯

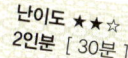
난이도 ★★☆
2인분 [30분]

❶ 두부 1/2모는 1cm 두께로 도톰하게 잘라 노릇하게 지져 식힌 후 깍둑썰기 한다.

❷ 느타리버섯 1/4봉은 밑동을 잘라내고 가닥가닥 떼어 기름에 볶다가 소금으로 간하고, 영양부추 1줌은 3cm 길이로 자르고, 양파 1/4개는 가늘게 채썰어 찬물에 담고, 치커리 적당량은 먹기 좋은 크기로 자른다.

❸ 간장 2, 레몬즙 2, 식초 1, 올리브 오일 2, 설탕 0.5, 다진 마늘 0.5를 섞어 드레싱을 만든다.

❹ 볼에 두부, 느타리버섯, 영양부추, 양파, 치커리를 넣어 섞고 드레싱을 뿌려 살살 버무린다.

소바
채소샐러드

발사믹 식초는 포도주를 숙성시켜 만든 식초로 은근한 불에 졸이면 걸쭉해지면서 단맛이 나므로 샐러드 드레싱이나 소스로 이용하면 좋다. 졸인 발사믹 식초는 발사믹 크림, 발사믹 리덕션이라는 이름으로 판매한다.

난이도 ★☆☆
2인분 [30분]

주재료
메밀국수(소바) 50g
방울토마토 6개
양파 1/4개
베이비채소 1/4팩

마늘 드레싱 재료
식초 1
간장 1
발사믹 식초 1
설탕 0.5
무즙 1
다진 마늘 1
소금 약간
올리브 오일 2

❶ 메밀국수 50g은 끓는 물에 4~5분 정도 삶아 찬물에 헹궈 녹말기를 없앤 후 물기를 뺀다.

❷ 방울토마토 6개는 씻어 꼭지를 떼고 4등분한다.

❸ 양파 1/4개는 곱게 채썰어 찬물에 담갔다 물기를 뺀다.

❹ 베이비채소 1/4팩은 흐르는 물에 헹궈 물기를 뺀다.

❺ 식초 1, 간장 1, 발사믹 식초 1, 설탕 0.5, 무즙 1, 다진 마늘 1, 소금 약간, 올리브 오일 2를 한데 섞어 마늘 드레싱을 만들어서 냉장고에 넣어 차게 한다.

❻ 그릇에 메밀국수, 방울토마토, 양파, 베이비채소를 보기 좋게 담고 차게 식힌 마늘 드레싱을 뿌린다.

오징어튀김 샐러드

오징어는 껍질을 벗겨 칼집을 넣어 튀길 때 얇은 막이 튈 수 있으니 끓는 물에 살짝 데쳐 사용해도 된다.

주재료
오징어 1마리
간장 0.5
다진 마늘 0.3
튀김가루 1/3컵
양상추 1/4통
무순 약간
튀김기름 적당량

마요네즈 드레싱 재료
마요네즈 2
맛술 1
간장 약간

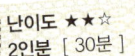
난이도 ★★☆
2인분 [30분]

1 오징어 1마리는 손질하여 칼집을 넣어 간장 0.5, 다진 마늘 0.3에 재웠다가 튀김가루 1/3컵을 입혀 170℃의 튀김기름에 노릇하게 튀긴다.

2 양상추 1/4통은 먹기 좋게 손으로 뜯고, 무순은 흐르는 물에 씻는다.

3 마요네즈 2, 맛술 1, 간장 약간을 섞어 마요네즈 드레싱을 만든다.

4 오징어튀김을 담고 채소를 올린 후 드레싱을 뿌린다.

주재료

마른 해초 1/3컵
오징어 1마리
대파 1/2대

냉채 소스 재료

씨겨자 2
설탕 1
식초 1
맛술 0.5
다진 마늘 1

대체 식재료

마른 해초 ▶ 미역

해초 오징어냉채

마른 해초 대신 마른 미역이나 다시마, 톳나물 등을 넣어도 된다.

난이도 ★★☆
2인분 [30분]

❶

❷

❸

❹

마른 해초 1/3컵은 찬물에 담가 불려서 흐르는 물에 헹궈 물기를 뺀다.

오징어 1마리는 내장을 제거한 후 껍질을 벗기고 칼집을 내어 4cm 길이로 썰어 데쳐 물기를 뺀다.

대파 1/2대는 4cm 길이로 곱게 채썰어 찬물에 담갔다 건져 물기를 뺀다.

씨겨자 2, 설탕 1, 식초 1, 맛술 0.5, 다진 마늘 1을 섞어 냉채 소스를 만들어 볼에 담고 해초, 오징어, 대파를 넣어 고루 버무린다.

모두 먹는 나물김밥

주재료
밥 1공기+1/2공기
취나물 1줌
국간장 · 참기름 약간씩
김밥용 김 2장

밥 양념 재료
소금 · 참기름 · 깨소금
약간씩

난이도 ★★☆
2인분 [25분]

① 밥 1공기+1/2공기는 따끈하게 준비하여 소금, 참기름, 깨소금을 넣어 잘 섞는다.

② 취나물 1줌은 끓는 물에 줄기가 부드러울 때까지 데쳐 찬물에 헹구어 물기를 꼭 짜고 국간장과 참기름을 약간씩 넣어 무친다.

③ 김에 밥을 얇게 깔고 취나물을 얹어 돌돌 만다.

④ 나물김밥을 먹기 좋은 크기로 자른다.

햄 초밥

주재료
- 밥 1공기
- 닭 가슴살 햄 10장
- 달걀 1개
- 마요네즈 1
- 소금·후춧가루 약간씩
- 식용유 적당량

단촛물 재료
- 식초 2
- 설탕 1
- 소금 0.3
- 레몬즙 0.3

대체 식재료
- 닭 가슴살 햄 ▶ 슬라이스 햄

햄은 쇠고기나 돼지고기를 사용한 것이 대부분인데 건강에 관심이 많은 요즘은 지방이 적고 단백질 함량이 높은 닭 가슴살로 만든 햄도 등장했다. 베이컨처럼 얇게 썰어져 진공 포장되어 있어 편리하게 사용할 수 있다.

난이도 ★☆☆
2인분 [30분]

① 밥 1공기는 고슬고슬하게 지은 것으로 따뜻하게 준비하여 식초 2, 설탕 1, 소금 0.3, 레몬즙 0.3을 섞은 단촛물을 넣어 고루 섞는다.

② 달걀 1개는 곱게 풀어 마요네즈 1, 소금과 후춧가루를 약간씩 넣어 간한 후 팬에 식용유를 두르고 젓가락으로 저어가며 스크램블한다.

③ 밥을 한 입 크기의 덩어리로 뭉쳐 닭 가슴살 햄을 올린 다음 랩을 이용해 감싸서 가운데 부분을 눌러 모양을 잡는다.

④ 밥 위에 달걀 스크램블을 올린다.

쇠고기 덮밥

쇠고기 대신 돈가스튀김이나 새우튀김을 올리면 한 그릇 식사로 충분한 일품요리가 된다. 또 밥이 국물에 살짝 퍼질 수 있으니 덮밥용 밥은 평소보다 적은 양을 준비한다.

주재료
쇠고기(등심) 150g
달걀 2개
양파 1/2개
팽이버섯 30g
홍고추 1/2개
실파 4뿌리
소금·후춧가루 약간씩
밥 1공기

덮밥 국물 재료
다시마(10×10cm) 1장
물 1컵+1/2컵
가다랑어포(가츠오부시) 5g
간장 1/4컵
맛술 1/4컵
설탕 0.5

난이도 ★★☆
2인분 [30분]

1. 쇠고기 150g은 등심으로 준비하여 얇게 저며 썰고, 달걀 2개는 풀어놓는다.

2. 양파 1/2개는 반으로 잘라 채썰고, 팽이버섯 30g은 밑동을 자르고, 홍고추 1/2개는 어슷썰고, 실파 4뿌리는 3cm 길이로 썬다.

3. 냄비에 다시마 1장, 물 1컵+1/2컵을 붓고 끓으면 불을 끄고 가다랑어포 5g을 넣어 가라앉으면 고운체에 걸러 간장 1/4컵, 맛술 1/4컵, 설탕 0.5를 넣어 팔팔 끓여 양파, 팽이버섯, 홍고추, 실파를 넣는다.

4. 채소가 반쯤 익으면 쇠고기를 넣어 부드럽게 익으면 달걀물을 끼얹고 젓가락으로 살짝 뒤섞은 후 불에서 내린다. 덮밥 국물은 소금과 후춧가루로 간해서 밥 1공기 위에 끼얹는다.

재료

- 굴 1봉지
- 소금 약간
- 부추 1/2줌
- 홍고추 1/2개
- 물 3컵
- 밥 1공기
- 새우젓 1
- 다진 마늘 0.5
- 달걀 2개
- 참기름 0.5
- 깨소금 약간

뜨거운데 시원한 굴국밥

굴은 소금물에 흔들어 씻어 건져야 맛이 그대로 유지되며 오래 끓이면 맛이 없으니 살짝만 끓인다. 여름철에는 굴이 맛이 없는 시기이므로 굴국밥은 가을이나 겨울철에 끓인다.

난이도 ★☆☆
2인분 [30분]

1 굴 1봉지는 엷은 소금물에 씻어 건져 물기를 뺀다.

2 부추 1/2줌은 다듬어 3cm 길이로 썰고, 홍고추 1/2개는 씨째 반으로 잘라 채썬다.

3 냄비에 물 3컵을 붓고 끓어오르면 굴을 넣어 거품을 걷어내며 익히다가 밥 1공기를 넣어 끓인다.

4 국물이 끓으면 부추와 홍고추를 넣고 새우젓 1, 다진 마늘 0.5로 간한 후 달걀 2개를 넣고 참기름 0.5, 깨소금 약간을 넣는다.

콩나물 국밥

콩나물국밥에 넣는 육수는 국물용 멸치 5마리에 사방 5cm 크기의 다시마 1장을 넣어 물 4컵을 부어 끓이면 된다. 북어나 표고버섯으로 육수를 내도 좋다.

난이도 ★☆☆
2인분 [30분]

주재료

콩나물 150g
육수 4컵
국간장 0.3
다진 마늘 0.5
소금 약간
밥 1공기
달걀 2개

곁들임 재료

다진 신 김치 1/4컵
다진 청양고추 2
송송 썬 대파 2
고춧가루 · 통깨 · 새우젓
약간씩

대체 식재료

육수 ▶ 물

① 냄비나 뚝배기에 콩나물 150g, 육수 4컵을 넣어 뚜껑을 덮고 5분 정도 끓인다.

② 콩나물은 건져내고 국간장 0.3, 다진 마늘 0.5, 소금으로 간을 맞춘다.

③ 국물에 밥 1공기를 넣어 살짝 끓인 후 건져놓았던 콩나물을 다시 담고 한소끔 끓여 달걀 2개를 깨어 넣는다.

④ 다진 신 김치 1/4컵, 다진 청양고추 2, 송송 썬 대파 2, 고춧가루와 통깨, 새우젓을 준비하여 식성대로 넣어 먹는다.

시금치 조개죽

죽은 나무주걱으로 쑤어야 삭지 않는다. 또 바닥이 두꺼운 냄비를 사용해서 쌀이 퍼질 때까지 은근한 불로 푹 끓여야 맛있다.

재료
쌀 1/3컵
시금치 1/6단
조갯살 1/4컵
소금 약간
참기름 1
물 3컵
들깻가루 3

대체 식재료
쌀 ▶ 찬밥

난이도 ★☆☆
2인분 [30분]

① 쌀 1/3컵은 깨끗이 씻어 30분 정도 물에 불린 후 체에 밭쳐 물기를 뺀다.

② 시금치 1/6단은 다듬어 씻어 송송 썰고, 조갯살 1/4컵은 엷은 소금물에 흔들어 씻어 물기를 빼서 다진다.

③ 냄비에 참기름 1을 두르고 불린 쌀을 넣어 쌀알이 투명해질 때까지 볶다가 조갯살을 넣어 볶은 후 물 3컵을 붓고 중간 중간 주걱으로 저어가며 끓인다.

④ 쌀알이 거의 퍼지면 시금치와 들깻가루 3을 넣고 살짝 끓여서 소금으로 간한다.

곡물 호박죽

재료
단호박 1/2개
수수 1/4컵
율무 1/4컵
물 4컵
설탕·소금 약간씩

대체 식재료
단호박 ▶ 고구마

단호박은 찜통에 찌거나 전자레인지에 익혀도 되는데, 쪄놓으면 상하기 쉬우므로 냉동 보관한다.

난이도 ★☆☆
2인분 [30분]

1. 단호박 1/2개는 씨를 제거해서 200℃의 오븐에서 20분 정도 익혀 껍질을 벗기고 뜨거울 때 으깬다.

2. 수수 1/4컵, 율무 1/4컵은 깨끗이 씻어서 냄비에 물 4컵을 붓고 삶는다.

3. 수수와 율무가 퍼지면서 익으면 찐 단호박을 넣고 끓인다.

4. 걸쭉해지면 설탕과 소금으로 간을 맞춘다.

땅콩죽

재료
찹쌀 현미 1/3컵
물 4컵
생땅콩 1/2컵
물 1/2컵
소금·슬라이스 아몬드
약간씩

대체 식재료
찹쌀현미 ▶ 현미
생땅콩 ▶ 잣, 호두

난이도 ★★☆
2인분 [30분]

❶ 찹쌀 현미 1/3컵은 씻어 물에 불린다.

❷ 불린 찹쌀 현미를 냄비에 담고 물 4컵을 부어 은근한 불에서 푹 끓이는데, 물이 부족하면 뜨거운 물을 더 부어 쌀알이 푹 퍼지도록 끓인다.

❸ 생땅콩 1/2컵은 껍질째 씻어 불려서 블렌더에 넣어 물 1/2컵을 부어 곱게 간다.

❹ 현미가 푹 퍼지면 간 땅콩물을 넣고 잘 저어가며 끓이다가 고소한 땅콩 향이 나면 소금으로 간한다.

아욱 된장수제비

주재료
아욱 200g
마른 새우 1/4컵
대파 1/2대
물 5컵
된장 3
다진 마늘 1
소금 약간

수제비 반죽 재료
밀가루 1컵
물 1/4컵
소금 약간

대체 식재료
아욱 ▶ 근대, 시금치

아욱은 줄기가 억세면 껍질을 벗겨서 소금을 뿌려 물에 주물주물 씻어야 풋내가 빠진다. 아욱이 없으면 근대나 시금치를 넣어 끓인다.

난이도 ★★☆
2인분 [30분]

① 아욱 200g은 줄기를 꺾으면서 한쪽으로 잡아당겨 투명한 실 같은 껍질을 벗긴 후 잎과 줄기를 나눈다. 잎은 그릇에 담고 손으로 바락바락 치대어가며 푸른 즙이 나오도록 문질러 풋내를 뺀 후 찬물에 여러 번 헹군다.

② 마른 새우 1/4컵은 체에 담아 흔들어 불순물을 털어내고, 대파 1/2대는 어슷썬다.

③ 볼에 밀가루 1컵, 물 1/4컵, 소금을 약간 넣어 말랑말랑하게 치대어 수제비 반죽을 한다.

④ 냄비에 물 5컵을 붓고 마른 새우를 넣어 된장 3을 체에 걸러 풀고, 아욱을 넣어 잎과 줄기가 부드러워질 때까지 끓인다. 수제비 반죽을 얇게 떼어 넣고 끓이다가 대파와 다진 마늘 1을 넣고 소금으로 간한다.

미역 옹심이

겨울철 생미역은 손으로 주물러 씻어 끓는 물에 살짝 데친 후 찬물에 헹구어 초고추장에 찍어 먹거나, 미역국을 끓이면 신선한 향이 나는 생미역국이 된다.

난이도 ★★☆
2인분 [30분]

재료

마른 미역(자른 것) 1/4컵
마른 표고버섯 2개
오이 1/4개
찹쌀가루 1컵
참기름 2
국간장 1
물 3컵
소금 약간

대체 식재료

마른 표고버섯 ▶ 쇠고기, 조갯살

① 마른 미역 1/4컵은 찬물에 불려 물기를 꼭 짜고, 마른 표고버섯 2개는 물에 불려 밑동을 떼어 채썬다.

② 오이 1/4개는 흐르는 물에 씻어 껍질째 강판에 갈아 찹쌀가루 1컵에 넣어 말랑말랑하게 반죽하여 동그랗게 빚어 옹심이를 만든다.

③ 냄비에 참기름 2를 두르고 미역과 표고버섯을 달달 볶다가 미역과 표고버섯에 참기름이 흡수되면 국간장 1을 넣어 간하고 물 3컵을 부어 끓인다.

④ 국물이 우러나고 미역이 부드러워지면 오이 옹심이를 넣어 끓여 옹심이가 동동 떠오르면 소금으로 간을 맞춘다.

카레 수프

재료
닭다리 2개
소금·후춧가루 약간씩
양배추 2장
양파 1/4개
노랑 파프리카 1/4개
주홍 파프리카 1/4개
식용유 적당량
다진 마늘 1
물 2컵
카레가루 3

대체 식재료
닭다리 ▶ 닭 가슴살
식용유 ▶ 버터

난이도 ★☆☆
2인분 [30분]

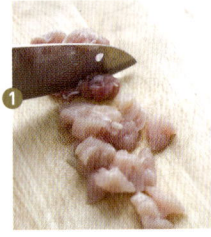

1. 닭다리 2개는 살을 발라서 먹기 좋은 크기로 썰어 소금, 후춧가루를 뿌린다.

2. 양배추 2장, 양파 1/4개, 노랑 파프리카와 주홍 파프리카 1/4개씩은 먹기 좋은 크기로 썬다.

3. 냄비에 식용유를 두르고 다진 마늘 1을 볶다가 향이 나면 닭다리 살을 넣어 볶는다. 닭다리 살이 살짝 익으면 양배추와 양파를 넣어 볶다가 파프리카를 넣어 볶는다.

4. 냄비에 물 2컵을 넣어 끓인 후 카레가루 3을 넣어 저어가며 끓이다가 닭고기가 익으면 소금, 후춧가루로 간을 한다.

감자 콩수프

재료

감자 1개
양파 1/8개
대파 약간
올리브 오일 적당량
물 1컵
완두콩 1/4컵
우유 1컵
소금·후춧가루 약간씩

대파는 흰 부분을 사용해야 색도 깔끔하고 단맛이 나 수프에 감칠맛이 난다.

난이도 ★☆☆
2인분 [30분]

① 감자 1개는 껍질을 벗기고 납작납작하게 썰고, 양파 1/8개, 대파 약간은 채썬다.

② 팬에 올리브 오일을 두르고 양파, 대파를 달달 볶다가 감자를 넣어 볶은 후 물 1컵을 부어 끓인다.

③ 감자가 익으면 대충 으깬 후 완두콩 1/4컵과 우유 1컵을 넣어 끓인다.

④ 감자와 완두콩이 익으면 소금과 후춧가루로 간한다.

조개 수프

재료
모시조개 1봉지
물 1컵
감자 1/2개
양파 1/4개
버터 1
밀가루 2
우유 1컵
생크림 1/2컵
소금 약간
흰 후춧가루 약간
파슬리가루 약간

모시조개 대신 바지락이나 홍합 등으로 육수를 만들면 다양한 맛의 조개 수프를 끓일 수 있다.

난이도 ★★☆
2인분 [30분]

1 모시조개 1봉지는 엷은 소금물에 담가 해감한 후 냄비에 물 1컵을 붓고 삶아 국물은 체에 걸러 육수로 사용한다. 감자 1/2개와 양파 1/4개는 껍질을 벗겨서 작은 주사위 모양으로 썬다.

2 냄비에 버터 1, 밀가루 2를 넣어 볶아 화이트 루를 만든다. 모시조개 삶은 물을 넣고 화이트 루가 멍울이 지지 않도록 고루 섞는다.

3 ②의 냄비에 모시조개와 감자, 양파를 넣고 끓인 후 우유 1컵, 생크림 1/2컵을 넣고 보글보글 끓이다가 소금, 흰 후춧가루로 간을 맞춘다.

4 접시에 조개 수프를 담고 파슬리가루를 뿌린다.

달걀 김치오믈렛

재료

달걀 2개
배추김치 50g
양파 1/4개
달래 약간
실파 2뿌리
식용유 적당량
밥 1/2공기
날치알 2
굴소스 0.5
참기름 1
통깨 0.5
소금·후춧가루 약간씩

대체 식재료

굴소스 ▶ 간장, 참치 한스푼

난이도 ★★☆
2인분 [30분]

달걀 2개는 소금을 약간 넣고 잘 푼다.

배추김치 50g은 잘게 다져서 물기를 빼고, 양파 1/4개도 잘게 다지고, 달래 약간과 실파 2뿌리는 송송 썬다.

팬에 식용유를 두르고 배추김치를 볶다가 양파를 넣어 볶은 후 밥 1/2공기를 넣어 고루 볶는다. 마지막에 날치알 2와 실파를 볶다가 굴소스 0.5, 참기름 1, 통깨 0.5, 소금과 후춧가루 약간씩을 넣는다.

달걀물에 달래를 잘 섞어 달군 팬에 식용유를 약간 두르고 달걀물을 얇게 펴서 익히다가 볶은 밥을 넣고 모양을 잡아 그릇에 담는다.

명란젓 스파게티

해물한스푼은 꽃게, 새우, 멸치 등의 해물을 진하게 우려낸 시원하고 개운한 맛이 나는 소스로 칼국수나 해물탕 등 국물 요리에 넣으면 깊은 맛과 감칠맛이 난다.

주재료
스파게티 160g
소금 약간
김 1/4장
실파 4뿌리

명란젓 소스 재료
명란젓 1덩이
(작은 것, 60g 정도)
올리브 오일 4
청주 1
해물 한스푼 0.5

대체 식재료
스파게티 ▶ 우동면

난이도 ★★☆
2인분 [30분]

❶ 끓는 물에 소금을 약간 넣고 스파게티를 넣어 8분 정도 삶아서 체에 건져 물기를 완전히 뺀다.

❷ 명란젓 1덩이는 칼끝으로 살살 알을 긁어내고, 김 1/4장은 가늘게 채썰고, 실파 4뿌리는 송송 썬다.

❸ 볼에 올리브 오일 4, 청주 1, 해물 한스푼 0.5를 넣어 잘 섞은 후 명란젓을 넣어 섞는다.

❹ 명란젓 소스에 스파게티를 버무려 그릇에 담고 김과 실파를 뿌린다.

에그 누들볶음

재료
- 에그누들 2덩이
- 양배추 1장
- 양파 1/4개
- 당근 약간
- 청경채 2개
- 식용유 약간
- 다진 마늘 0.3
- 채썬 돼지고기 50g
- 굴소스 0.3
- 피시소스 0.5
- 소금 약간씩
- 참기름 · 깨소금 · 후춧가루 약간씩

대체 식재료
에그누들 ▶ 쌀국수

> 매운맛을 좋아한다면 고추기름을 넣어 볶아도 되고 돼지고기 대신 새우, 오징어 등의 해산물을 넣어도 좋다.

난이도 ★★☆
2인분 [30분]

1. 에그누들 2덩이는 끓는 물에 삶아 찬물에 헹구어 물기를 빼고, 양배추 1장, 양파 1/4개, 당근 약간은 채썰고, 청경채 2개는 굵게 썬다.

2. 팬을 달구어 식용유를 두르고 다진 마늘 0.3과 채썬 돼지고기 50g을 볶다가 양배추, 양파, 당근을 넣어 볶는다.

3. 채소가 잘 어우러지면 굴소스 0.3과 피시소스 0.5를 넣어 볶다가 에그누들을 넣어 볶는다.

4. 청경채를 넣어 살짝 볶은 후 소금으로 간하고 참기름, 깨소금, 후춧가루를 뿌린다.

쌀국수 볶음

피시소스는 태국이나 베트남 등 동남아시아 지역에서 많이 사용하는 액젓과 비슷한 소스로, 멸치액젓이나 까나리액젓, 액젓 소스로 대체해도 된다.

재료

쌀국수(볶음용) 60g
닭고기(안심) 2조각
식용유 2
다진 양파 1
마른 새우 1
물 2
설탕 1.5
피시소스 2
달걀 1개
숙주나물 1줌
실파 2뿌리
레몬 약간

대체 식재료

닭고기 ▶ 돼지고기
피시소스 ▶ 멸치액젓

난이도 ★★☆
2인분 [30분]

❶ 쌀국수 60g은 따끈한 물에 20분쯤 담가 물기를 빼고, 닭고기는 안심으로 2조각을 준비하여 작게 썬다.

❷ 팬에 식용유 2를 두르고 다진 양파 1을 갈색이 나도록 볶은 후 마른 새우 1을 넣어 볶다가 닭고기를 넣어 볶는다.

❸ ❷에 쌀국수를 넣어 볶다가 물 2, 설탕 1.5, 피시소스 2를 넣어 국수가 익을 때까지 볶다가 팬의 한쪽으로 몰아둔다.

❹ 달걀 1개를 잘 풀어 팬 한쪽에서 익힌 후 ❸과 섞은 다음 숙주나물 1줌을 넣어 살짝 볶아 접시에 담아 레몬을 약간 올린다.

골뱅이 무침과 소면

주재료
골뱅이 통조림(작은 것) 1통
북어포 1/2줌
소면 1줌
소금 약간
대파 1대
오이 1/4개
깻잎 2장

양념장 재료
고추장 2
고춧가루 1
식초 2
설탕 1.5
물엿 1
청주 0.5
다진 마늘 1
깨소금 0.3
후춧가루 약간

골뱅이 통조림을 사용할 때는 골뱅이인지 소라인지 확인한 다음 구입하고, 생골뱅이는 삶아서 살만 발라서 사용한다. 또 소면은 얇은 면이 양념과 잘 버무려져 맛있다.

난이도 ★☆☆
2인분 [30분]

1 골뱅이 통조림 1통은 국물을 빼고 큰 것은 반으로 자르고, 북어포 1/2줌은 골뱅이 국물에 담가 부드럽게 불려서 물기를 꼭 짠다.

2 끓는 물에 소금을 넣고 소면 1줌을 삶아 찬물로 헹궈 작은 사리로 만든다.

3 대파 1대는 곱게 채썰고, 오이 1/4개는 어슷하게 썰고, 깻잎 2장은 굵게 채썬다.

4 고추장 2, 고춧가루 1, 식초 2, 설탕 1.5, 물엿 1, 청주 0.5, 다진 마늘 1, 깨소금 0.3, 후춧가루 약간을 섞어 골뱅이, 오이를 무친 후 북어포와 대파를 넣어 무친다. 깻잎을 올리고 소면을 곁들인다.

느끼하지 않은 과일 채소잡채

당면은 삶아서 찬물에 헹구면 쉽게 퍼지니 그대로 건져 물기를 빼고 양념하며, 재료들을 볶을 때는 익는 시간도 다르고 소금 간의 양도 다르니 센 불에 각각 볶아서 간을 해야 한다.

난이도 ★★☆
2인분 [30분]

주재료

당면 150g
참기름 2
사과 1/4개
배추 잎 2장
표고버섯 2개
느타리버섯 1/2줌
양파 1/4개

당근 1/8개
오이 1/2개
식용유 적당량
소금 약간
당면 간장 1/4컵
통깨 1

당면 간장 재료

간장 1컵
설탕 4
물엿 4
다시마(10×10cm) 1장
후춧가루 약간

대체 식재료

오이 ▶ 시금치, 피망

① 당면 150g은 찬물에 20분 정도 불려 먹기 좋은 길이로 잘라 끓는 물에 삶아 물기를 쪽 뺀 후 참기름 2를 뿌려 무친다.

② 사과 1/4개는 흐르는 물에 깨끗이 씻어 껍질째 4cm 길이로 채썰고, 배추 잎 2장도 비슷한 크기로 채썬다.

③ 표고버섯 2개는 밑동을 잘라내고 도톰하게 채썰고, 느타리버섯 1/2줌은 가닥가닥 떼고, 양파 1/4개와 당근 1/8개는 껍질을 벗겨 채썬다.

④ 오이 1/2개는 돌기를 제거한 후 4cm 길이로 잘라 돌려 깎아 채썬다.

⑤ 팬에 식용유를 두르고 배추 잎, 표고버섯, 느타리버섯, 양파, 당근, 오이를 각각 볶아 소금으로 간한다.

⑥ 당면에 당면 간장 1/4컵을 넣어 버무린 다음 볶은 채소와 버섯을 넣어 한 번 더 버무리고 사과를 섞은 다음 통깨 1을 뿌린다.

김치 우동

우동 면은 간이 배도록 국물에 끓여야 더 맛있다. 우동 국물 대신 참치진국을 넣으면 간편하다.

주재료
우동 면 2인분
배추김치 2장
팽이버섯 1/2봉지
대파 1/4대
새우 4마리
유부 2개
쑥갓·소금 약간씩

우동 국물 재료
물 5컵
다시마(10×10cm) 1장
가다랑어포(가츠오부시) 1줌
간장 1/4컵
맛술 5
소금 약간

난이도 ★★☆
2인분 [30분]

1 배추김치 2장은 소를 털어내고 김치 국물을 살짝 짜서 1cm 길이로 썰고, 팽이버섯 1/2봉지는 밑동을 잘라내고, 대파 1/4대는 송송 썬다.

2 새우 4마리는 이쑤시개를 이용해 내장을 뺀 후 물에 씻어 물기를 뺀다.

3 냄비에 물 5컵, 다시마 1장을 넣고 국물이 끓으면 가다랑어포 1줌을 넣어 바로 불을 끈 후 10분 정도 두었다가 고운체에 거른다. 간장 1/4컵, 맛술 5를 넣어 다시 끓여 소금으로 간한다.

4 국물에 배추김치와 새우를 넣고 끓이다가 새우가 익으면 우동, 유부 2개를 넣고 끓여 소금으로 간하고 대파, 팽이버섯, 쑥갓을 넣어 한소끔 끓인다.

주재료

배추김치 3장
호박 1/3개
식용유 적당량
소금 약간
소면 200g
찬물 2컵
김가루 2

김치 양념 재료

깨소금 0.5
참기름 1

육수 재료

물 5컵
참치진국 5
소금 약간

김치를 올린 소면

찬물에 헹군 국수를 그릇에 담고 육수를 부을 때는 체에 찬 국수를 담아 뜨거운 육수에 담갔다가 건져 담는다. 면은 얇을수록 국물과 잘 어울리니 소면이나 세면이 더 맛있다.

난이도 ★☆☆
2인분 [30분]

① 배추김치 3장은 송송 썰어 깨소금 0.5, 참기름 1에 버무리고, 호박 1/3개는 채썰어 뜨거운 팬에 식용유를 두르고 볶다가 소금 간하여 식힌다.

② 팔팔 끓는 물에 소면 200g을 넣고 끓어오르면 찬물 1컵을 부어 끓이기를 두 번 반복해서 삶아 찬물에 헹궈 물기를 뺀다.

③ 물 5컵에 참치진국 5를 넣고 끓여 육수를 만든다.

④ 그릇에 육수를 부은 후 삶은 국수를 넣고 김치, 호박을 올리고 고명으로 김가루 2를 얹는다.

열무김치 비빔국수

김치 국물에 비빔장을 섞어도 좋다.

주재료

소면 1줌
소금 약간
열무김치 200g
오이 1/4개
김치 국물 적당량
통깨 약간

비빔장 재료

고추장 2
고춧가루 0.3
설탕 1
식초 2
깨소금 1
참기름 약간

난이도 ★★☆
2인분 [30분]

❶ 소면 1줌은 끓는 물에 소금을 약간 넣고 삶아서 찬물에 헹구어 물기를 뺀다.

❷ 열무김치 200g은 송송 썰고, 오이 1/4개는 가늘게 채썬다.

❸ 고추장 2, 고춧가루 0.3, 설탕 1, 식초 2, 깨소금 1, 참기름 약간씩을 섞어 양념장을 만든다.

❹ 그릇에 소면을 담고 열무김치와 김치 국물, 비빔장, 채썬 오이를 올린다.

냉메밀국수

주재료
김 1장
실파 2뿌리
무 1/8개
와사비 약간
메밀국수 300g

소스 재료
물 3컵
간장 2/3컵
맛술 5
설탕 3
다시마(10×10cm) 1장
가다랑어포(가츠오부시) 1줌

메밀국수 대신 소면이나 중면을 넣어도 된다. 무가 맛이 없는 여름철에는 무 대신 무순을 곁들인다.

난이도 ★★☆
2인분 [30분]

❶ 냄비에 물 3컵, 간장 2/3컵, 맛술 5, 설탕 3, 다시마 1장, 가다랑어포 1줌을 넣고 중간 불로 끓인다. 물이 끓기 직전에 다시마를 꺼내고 약한 불로 4~5분 더 끓인 다음 베 보자기에 걸러 냉장고에 넣어 차게 한다.

❷ 김 1장은 약한 불에 살짝 구워 비닐팩에 담아 부수고, 실파 2뿌리는 송송 썰고, 무 1/8개는 강판에 갈아 물기를 빼고, 와사비는 찬물에 개어 15분 정도 두었다가 손으로 빚어 덩어리를 만든다.

❸ 메밀국수 300g은 삶아서 흐르는 찬물에 헹궈 체에 밭쳐 물기를 빼서 그릇에 담고 김가루를 뿌린다.

❹ 메밀국수에 소스, 와사비, 실파, 무를 곁들인다.

짬뽕탕면

식용유 1컵에 고춧가루를 약간 넣었을 때 지글지글 끓는 정도의 온도(150℃)가 되도록 끓여 고춧가루 1/4컵을 넣고 불을 끈 후 고춧가루가 모두 가라앉으면 고운 체나 키친타월에 걸러 고추기름을 만든다.

재료

오징어 1/2마리
바지락 1/2봉지
청경채 2포기
양파 1/3개
당근 30g
목이버섯 3g
고추기름 2
다진 마늘 1
다진 생강 약간
고춧가루 2
새우 1/2컵
닭 육수 5컵
굴소스 2
소금·후춧가루 약간씩
면 400g

대체 식재료

오징어 ▶ 낙지, 주꾸미

난이도 ★★☆
2인분 [30분]

❶ 오징어 1/2마리는 내장과 껍질을 제거한 후 안쪽에 잔 칼집을 내어 4cm 길이로 썰고, 바지락 1/2봉지는 엷은 소금물에 담가 해감한 후 깨끗이 씻는다.

❷ 청경채 2포기는 흐르는 물에 씻어 밑동을 자르고 큰 잎은 반으로 자른다. 양파 1/3개, 당근 30g은 4cm 길이로 채썰고, 목이버섯 3g은 미지근한 물에 불려 한 입 크기로 찢는다.

❸ 냄비에 고추기름 2를 두르고 다진 마늘 1, 다진 생강 약간 넣어 볶다가 고춧가루 2를 넣어 볶는다. 새우 1/2컵, 오징어, 바지락을 넣어 볶다가 닭 육수 5컵을 부어 끓인다.

❹ 국물이 우러나면 청경채, 양파, 당근, 목이버섯을 넣고 끓이다가 굴소스 2를 넣고 소금과 후춧가루로 간한다. 면 400g은 끓는 물에 저어가며 삶아 건져 물기를 뺀 후 그릇에 담고 국물을 붓는다.

사천탕면

재료
- 오징어 1/2마리
- 바지락 1/2봉지
- 소금 약간
- 청경채 2포기
- 양파 1/3개
- 당근 30g
- 목이버섯 3g
- 식용유 적당량
- 마른 고추 3개
- 다진 마늘 1
- 다진 생강 약간
- 새우 1/2컵
- 닭 육수 5컵
- 굴소스 2
- 소금·후춧가루 약간씩
- 생면 400g

대체 식재료
청경채 ▶ 브로콜리, 시금치

닭 육수는 닭 뼈를 발라 찬물에 푹 삶아서 사용하거나 치킨 스톡을 넣는다. 치킨 스톡은 육수 대신 넣는 조미료로 가루 제품이나 고형인 큐브로 만든 제품이 있다. 수프, 중국 요리나 한식의 국물 요리에 주로 사용한다.

난이도 ★★☆
2인분 [30분]

1 오징어 1/2마리는 내장과 껍질을 제거한 후 안쪽에 잔 칼집을 내어 4cm 길이로 썰고, 바지락 1/2봉지는 엷은 소금물에 담가 해감한 후 깨끗이 씻는다.

2 청경채 2포기는 흐르는 물에 씻어 밑동을 자르고 큰 잎은 반으로 자른다. 양파 1/3개와 당근 30g은 4cm 길이로 채썰고, 목이버섯 3g은 미지근한 물에 불려 한 입 크기로 찢는다.

3 냄비에 식용유를 두르고 큼직하게 자른 마른 고추 3개, 다진 마늘 1, 다진 생강 약간을 넣어 볶다가 새우 1/2컵, 오징어, 조개를 넣어 볶다가 닭 육수 5컵을 부어 끓인다.

4 국물이 우러나면 마른 고추는 건져내고 청경채, 양파, 당근, 목이버섯을 넣고 끓여 굴소스 2를 넣고 소금과 후춧가루로 간한다. 생면 400g은 끓는 물에 삶아 물기를 빼서 그릇에 담아 국물을 붓는다.

스위스 감자전

재료
감자 2개
소금·후춧가루 약간씩
식용유 적당량
베이컨 2줄
달걀 1개

대체 식재료
베이컨 ▶ 햄

난이도 ★★☆
2인분 [30분]

① 감자 2개는 껍질을 벗겨 가늘게 채썰어 소금과 후춧가루로 간한다.

② 프라이팬에 식용유를 두르고 감자채를 넣어 익힌다.

③ 다른 팬에 베이컨 2줄을 굽고, 달걀 1개는 프라이한다.

④ 감자전 위에 달걀과 베이컨을 얹는다.

감자 속에 굴있다전

주재료
감자(큰 것) 1개
소금 약간
다진 파슬리 약간
굴 1봉지
녹말 약간
식용유 적당량

굴 양념 재료
굴소스 0.3
후춧가루 약간

난이도 ★★☆
2인분 [30분]

① 감자 1개는 껍질을 벗기고 일정한 두께로 채썰어 소금을 약간 넣어 섞은 후 다진 파슬리를 약간 넣어 섞는다.

② 굴 1봉지는 소금물에 살살 흔들어 씻어 물기를 빼고 굴소스 0.3, 후춧가루를 약간 뿌려 양념한 후 녹말을 입힌다.

③ 팬에 식용유를 두르고 감자를 먹기 좋은 크기로 놓고 그 위에 굴을 얹는다.

④ 굴 위에 다시 감자를 올려 앞뒤로 노릇노릇하게 지진다.

우리동네 해물파전

주재료
쪽파 100g
풋고추·홍고추 1/2개씩
오징어 1/4마리
조갯살 50g
부침가루 1컵
물 1컵
식용유 적당량

간장 재료
간장 2
식초 1
설탕 0.3

대체 식재료
부침가루 ▶ 밀가루

파전은 아래쪽이 거의 익었을 때 뒤집어 부쳐야 모양도 맛도 좋다.

난이도 ★★☆
2인분 [30분]

1 쪽파 100g은 다듬어 씻어서 반으로 자르고, 풋고추와 홍고추 1/2개씩은 꼭지를 떼고 얇게 어슷하게 썬다.

2 오징어 1/4마리는 껍질을 벗기고 가늘게 채썰고, 조갯살 50g은 연한 소금물에 흔들어 씻어 체에 건진다.

3 부침가루 1컵에 물 1컵을 넣어 반죽하여 식용유를 두른 팬에 얇게 펴서 쪽파를 가지런히 올린 후 오징어, 조갯살, 풋고추, 홍고추를 얹어 노릇노릇하게 지진다.

4 간장 2, 식초 1, 설탕 0.3을 섞어 초간장을 만들어 파전에 곁들인다.

배추전

재료
배추속대 8장
소금 약간
밀가루 1/2컵
물 1/2컵
식용유 적당량

대체 식재료
배추속대 ▶ 무

난이도 ★☆☆
2인분 [30분]

기호에 따라 간장이나 고추장을 곁들이는데, 간장은 간장, 맛술, 식초로 만들면 맛있다.

① 배추속대 8장은 모양을 살려 한 잎씩 떼고 굵은 줄기는 방망이로 자근자근 두들긴다.

② 배추에 소금을 뿌려 살짝 절인 후 헹궈 물기를 뺀다.

③ 밀가루 1/2컵에 물 1/2컵을 부어 걸쭉하게 반죽하고 소금으로 간한다.

④ 배추에 밀가루 옷을 입혀서 팬에 식용유를 두르고 앞뒤로 노릇하게 지진다.

주안상
삼색전

난이도 ★★☆
2인분 [30분]

주재료
깻잎 4장
홍고추 2개

육원전 재료
두부(작은 것) 1/2모
양파 1/8개
당근 약간
쪽파 2뿌리
쇠고기(다진 것) 200g

쇠고기 양념 재료
다진 마늘 0.5
간장·깨소금 0.3씩
소금·후춧가루 약간씩
부침 재료 달걀 1개
소금·덧밀가루 약간씩
식용유 적당량

[**육원전 밑준비**]

❶ 두부 1/2모는 으깨어 베 보자기에 싸서 물기를 빼고, 양파 1/8개와 당근 약간은 잘게 다지고, 쪽파 2뿌리는 송송 썬다.
❷ 다진 쇠고기 200g에 다진 마늘 0.5, 간장과 깨소금 0.3씩, 소금과 후춧가루를 약간씩 넣어 양념한 후 두부, 양파, 당근, 쪽파를 넣고 잘 섞는다.
❸ 달걀 1개는 풀어서 소금을 넣어 섞는다.

육원전
미리 준비한 육원전 재료를 반죽해 동글납작하게 빚고 밀가루를 고루 묻힌 후 달걀물을 입힌다.

깻잎전
깻잎 4장은 깨끗이 씻어 꼭지를 자르고 큰 것은 반으로 가른다.

고추전
홍고추 2개는 꼭지를 떼고 반으로 잘라 씨를 털어낸 후 속에 밀가루를 골고루 뿌리고 육원전 반죽을 채운 다음 속을 채운 면에 밀가루와 달걀물을 입힌다.

팬을 달궈 식용유를 두르고 육원전을 앞뒤로 노릇노릇하게 부친다.

깻잎에 육원전 반죽을 넣고 반으로 접은 후 밀가루, 달걀물을 입혀 달군 팬에 식용유를 두르고 노릇노릇하게 지진다.

팬을 달궈 식용유를 두르고 고추전을 노릇노릇하게 지진다.

단호박전

단호박전을 부칠 때는 단호박을 절이면서 생긴 물로 반죽하므로 따로 물을 넣지 않아도 된다. 또 호박전은 너무 많이 익으면 찹쌀처럼 늘어지므로 오래 익히지 않는다.

재료

단호박 1/4개
소금 약간
밀가루 1/2컵
식용유 적당량

대체 식재료

단호박 ▶ 늙은호박

난이도 ★☆☆
2인분 [30분]

단호박 1/4개는 씨를 털어내고 껍질을 벗기는데, 호박 속의 실 같은 것은 긁어 버리지 말고 그대로 넣는다.

단호박 1/4개의 2/3는 채썰고, 나머지는 강판에 간다.

채썬 단호박에 소금을 약간 넣고 살짝 절여 물기가 생기면 밀가루 1/2컵과 간 호박을 섞어 반죽한다.

팬에 식용유를 두르고 호박 반죽을 한 숟가락씩 떠 넣어 앞뒤로 노릇하게 지진다.

총명한 메밀총떡

주재료
메밀 부침가루 1컵
물 1컵+1/4컵
소금 약간
신 배추김치 3장
참기름 1
설탕 약간
깨소금 0.5
무(4cm 길이) 1/2토막
식용유 적당량

무나물 양념 재료
참기름 1
소금 약간
다진 파 0.5
다진 마늘 0.3

무의 양이 적으면 속까지 잘 익지 않으니 뚜껑을 잠깐 덮어 물이 자작하게 생기면 볶는다.

난이도 ★★☆
2인분 [30분]

메밀 부침가루 1컵에 물 1컵+1/4컵을 넣어 멍울이 지지 않도록 잘 풀어 소금을 약간 넣어 간한다. 팬에 식용유를 약간 두르고 한 국자씩 떠서 동글납작하게 얇게 부친다.

신 배추김치 3장은 물기를 꼭 짜서 송송 썰어 참기름 1, 설탕 약간, 깨소금 0.5를 넣어 무쳐 팬에 볶는다.

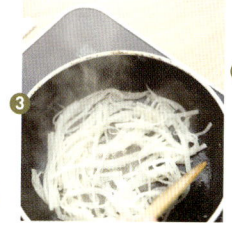
무 1/2토막은 가늘게 채썰어 팬에 참기름 1을 두르고 볶다가 무가 투명해지면 소금으로 간하고 다진 파 0.5, 다진 마늘 0.3을 넣는다.

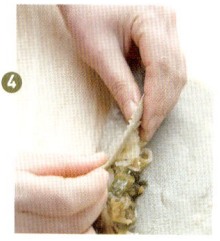
메밀부침 위에 볶은 무나물과 김치를 넣고 돌돌 말아 한 입 크기로 썰어 접시에 담는다.

콜리플라워 구이

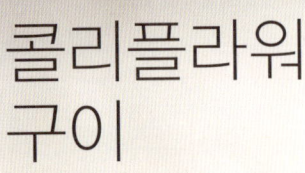

콜리플라워는 양배추의 변종으로 푸른 잎에 싸여서 하얀 꽃 봉오리처럼 자라나는 영양이 풍부한 웰빙 채소이다. 꽃봉오리보다 줄기에 영양이 더 많이 함유되어 있으며 다른 채소와 달리 비타민 C가 열에 의해 잘 파괴되지 않아 가열해 먹어도 좋다.

재료

식용유 3
빵가루 2
다진 파슬리 0.3
소금·후춧가루 약간씩
밀가루 2
물 2
콜리플라워 1/2송이
파르메산 치즈가루 1

난이도 ★☆☆
2인분 [30분]

① 식용유 3에 빵가루 2, 다진 파슬리 0.3을 섞고 소금, 후춧가루로 간한다.

② 밀가루 2에 물 2를 섞어 밀가루 반죽을 만든다.

③ 콜리플라워 1/2송이는 먹기 좋은 크기로 썰어 밀가루 반죽, 빵가루를 묻혀 오븐 팬에 올린다.

④ 파르메산 치즈가루 1을 뿌려서 220℃의 오븐에서 7~8분 정도 굽는다.

삼치 마요네즈 구이

재료
삼치 1/2마리
소금 약간
실파 1뿌리
홍고추 1/4개
마요네즈 2

삼치는 손질하여 소금을 살짝 뿌리면 살이 단단해진다. 또 키친타월로 물기를 제거하고 구워야 굽기도 쉽고 맛도 좋다.

난이도 ★★☆
2인분 [30분]

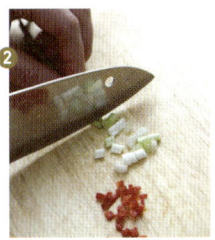

① 삼치 1/2마리는 머리와 꼬리를 떼고 내장을 뺀 다음 뼈를 발라내고 5cm 길이로 썰어서 소금을 뿌린다.

② 실파 1뿌리는 송송 썰고, 홍고추 1/4개는 곱게 다진다.

③ 마요네즈 2와 실파, 홍고추를 섞는다.

④ 석쇠나 그릴에 삼치를 앞뒤로 살짝 구운 다음 ③을 발라 한 번 더 굽는다.

닭가슴살 버섯구이

주재료
닭고기(안심) 4조각
소금 · 후춧가루 약간씩
새송이버섯 1개
베이비 채소 적당량

닭 양념장 재료
간장 1
굴소스 0.5
물엿 0.5
맛술 0.5
다진 마늘 0.3

베이비 채소 양념장 재료
멸치액젓 1
설탕 1
식초 1.5
고춧가루 0.5
참기름 1
깨소금 1

난이도 ★☆☆
2인분 [30분]

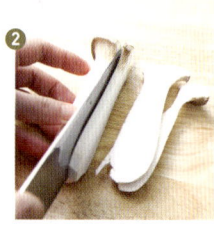

❶ 닭고기는 안심으로 4조각을 준비하여 육질이 연해지도록 칼등으로 두드려 소금과 후춧가루로 밑간한다.

❷ 새송이버섯 1개는 편으로 썬다.

❸ 간장 1, 굴소스 0.5, 물엿 0.5, 맛술 0.5, 다진 마늘 0.3을 섞어 닭고기를 10분 정도 재워서 굽고, 새송이 버섯은 간을 하지 않고 살짝 굽는다.

❹ 베이비 채소는 멸치액젓 1, 설탕 1, 식초 1.5, 고춧가루 0.5, 참기름 1, 깨소금 1을 섞어 버무린 다음 닭고기와 새송이버섯에 곁들인다.

주재료

돼지고기(목살) 300g
달래 20g
식용유 1

된장 양념장 재료

집된장 1
설탕 0.3
고춧가루 0.5
다진 마늘 0.5
참기름 0.5
진간장 0.5
물엿 0.5
맛술 0.5
다진 생강 · 후춧가루
약간씩

대체 식재료

달래 ▶ 참나물, 취나물,
깻잎순, 부추

돼지고기 된장구이

난이도 ★★☆
2인분 [30분]

1. 돼지고기는 목살로 300g을 0.5cm 두께로 썰어진 것으로 구입해 고기용 망치나 칼등으로 두드려 연하게 한다.

2. 집된장 1, 설탕 0.3, 고춧가루 0.5, 다진 마늘 0.5, 참기름 0.5, 진간장 0.5, 물엿 0.5, 맛술 0.5, 다진 생강과 후춧가루 약간씩을 섞어 돼지고기에 조물조물 무쳐 간이 배도록 한다.

3. 달래 20g은 다듬어 씻어 4cm 길이로 자른다.

4. 팬에 식용유를 두르고 돼지고기를 볶아 익으면 접시에 담고 달래를 얹는다.

버섯 떡갈비

다진 쇠고기에 잣이나 호두, 호박씨을 섞으면 더욱 고소하다.

난이도 ★★☆
2인분 [30분]

주재료
쇠고기(갈빗살) 200g
배즙 2
잣 1
새송이버섯 2개
녹말 약간

양념장 재료
간장 2
설탕 1
다진 파 1
다진 마늘 0.5
참기름 0.5
깨소금 0.5
후춧가루 약간

대체 식재료
배즙 ▶ 사과즙, 양파즙

① 쇠고기는 갈빗살로 200g을 준비하여 곱게 다진 후 배즙 2에 재운다.

② 잣 1은 고깔을 떼고 키친타월 위에 놓고 칼로 곱게 다진다.

③ 간장 2, 설탕 1, 다진 파 1, 다진 마늘 0.5, 참기름 0.5, 깨소금 0.5, 후춧가루를 약간 섞어 양념장을 만들어 쇠고기에 넣고 끈기가 생길 때까지 치댄다.

④ 새송이버섯 2개는 납작하게 썰어 앞뒤로 녹말을 살짝 묻힌다.

⑤ 양념한 갈빗살을 양쪽으로 부쳐서 냉장고에 잠깐 넣어둔다.

⑥ 팬에 갈빗살을 지져서 잣가루를 뿌린다.

북어 갈비

주재료
북어 1마리
찹쌀가루 1/4컵
밀가루 약간
참기름 1
식용유 적당량

북어 양념 재료
간장 2
설탕 0.3
물엿 1
맛술 1
다진 마늘 1
후춧가루 약간

참기름과 식용유을 섞어 북어에 발라 구우면 북어 살이 타지 않을뿐더러 참기름의 고소한 맛도 함께 즐길 수 있다.

난이도 ★★☆
2인분 [30분]

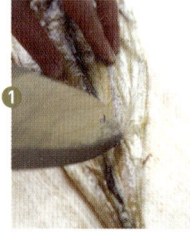

1. 북어 1마리는 물에 불려 손으로 가볍게 물기를 짜서 먹기 좋은 크기로 잘라 껍질에 칼집을 넣는다.

2. 간장 2, 설탕 0.3, 물엿 1, 맛술 1, 다진 마늘 1, 후춧가루를 약간 섞어 양념장을 만들어 북어를 재운다.

3. 찹쌀가루 1/4컵과 밀가루를 약간 섞어 북어에 꾹꾹 눌러가며 골고루 묻힌다.

4. 팬에 참기름 1, 식용유 약간을 두르고 북어를 앞뒤로 노릇하게 지진다.

불고기 꼬치

주재료
쇠고기(불고깃감) 200g
가지 1개
소금 약간
올리브 오일 적당량

불고기 양념 재료
간장 3
설탕 1
물엿 1
청주 1
다진 파 2
다진 마늘 1
깨소금 0.5
참기름 1
후춧가루 약간

가지는 생것을 넣거나 말린 가지를 찬물에 살짝 불려서 사용해도 좋다.

난이도 ★★☆
2인분 [30분]

① 쇠고기 200g은 불고깃감으로 준비하여 먹기 좋은 크기로 썰어 간장 3, 설탕 1, 물엿 1, 청주 1, 다진 파 2, 다진 마늘 1, 깨소금 0.5, 참기름 1, 후춧가루 약간을 섞어 조물조물 주물러 10분 정도 재운다.

② 가지 1개는 길쭉하게 썰어서 부드러워질 때까지 옅은 소금물에 절여 키친타월로 물기를 뺀다.

③ 가지와 불고기를 겹쳐 꼬치에 꿴다.

④ 올리브 오일을 두른 팬이나 그릴에 꼬치를 넣어 앞뒤로 노릇하게 굽는다.

톡 톡 튀는 알탕

알탕의 재료로는 명란이 적당하며 냉동된 명란은 완전히 해동한 후 물기를 빼고 요리해야 비린내가 나지 않는다. 또 알 대신 생태나 대구를 넣으면 생태찌개나 대구찌개가 된다.

난이도 ★☆☆
2인분 [30분]

주재료
명란 4덩이
콩나물 1줌
무(3cm 길이) 1/2토막
대파 1/4대
홍고추 1/2개

풋고추 1/2개
미나리 1/2줌
물 3컵
된장 0.5
소금·후춧가루 약간씩

양념장 재료
고춧가루 1.5
다진 마늘 1

대체 식재료
미나리 ▶ 쑥갓

❶ 명란 4덩이는 물에 살살 씻어 큰 것은 반으로 자른다.

❷ 콩나물 1줌은 머리, 꼬리를 떼어 손질한다.

❸ 무 1/2토막은 납작하게 썰고, 대파 1/4대, 홍고추 1/2개, 풋고추 1/2개는 어슷하게 썰고 미나리 1/2줌은 다듬어 4cm 길이로 썬다.

❹ 냄비에 물 3컵을 붓고 물이 끓으면 무를 넣어 끓이다가 무가 반쯤 익으면 된장 0.5를 넣어 푼다. 콩나물과 명란을 넣고 숟가락으로 거품은 걷어내며 끓인다.

❺ 고춧가루 1.5, 다진 마늘 1을 섞어 양념장을 만든다.

❻ 명란이 익으면 양념장을 넣어 끓이고 대파, 홍고추, 풋고추를 넣어 한소끔 끓이다가 미나리를 넣고 소금, 후춧가루로 간한다.

두유 샤브샤브

맛국물은 물 4컵에 사방 10cm 크기의 다시마를 넣고 끓으면 가다랑어포 1컵을 넣어 살짝 끓여 불을 끄고 가다랑어포가 가라앉으면 체에 걸러 사용한다.

난이도 ★★★
2인분 [30분]

주재료

콩(백태) 1/4컵
잣 2
물 4컵
여러 가지 버섯 200g
배추 잎 2장
대파 1/2대
물 4컵
소금 약간

간장 소스 재료

간장 1
맛국물 1/2컵
맛술 0.3
식초 1.5
레몬즙 0.3
송송 썬 실파 1
무즙 1

❶ 콩 1/4컵은 하루 전날 깨끗이 씻어 찬물에 담가 불린 후 냄비에 담고 콩이 잠길 정도로 물을 부어 끓인다.
물이 끓으면 5분 정도 더 끓인 후 콩을 건져 껍질을 제거한다.

❷ 믹서에 삶은 콩과 잣 2를 넣고 물 2컵을 부어 곱게 갈아 체에 밭쳐 국물을 받는데 물 2컵을 부어가며 국물을 받는다.

❸ 여러 가지 버섯 200g을 손질한다. 새송이버섯, 양송이버섯, 표고버섯은 한 입 크기로 저며 썰고, 느타리버섯은 가닥가닥 떼고 팽이버섯은 밑동을 자른다.

❹ 배추 잎 2장은 한 입 크기로 썰고, 대파 1/2대는 어슷 썰어 버섯과 함께 접시에 먹음직스럽게 담는다.

❺ 간장 1, 맛국물 1/2컵, 맛술 0.3, 식초 1.5, 레몬즙 0.3, 송송 썬 실파 1, 무즙 1을 섞어 간장 소스를 만든다.

❻ 전골냄비에 콩 국물을 붓고 소금으로 간하여 끓이다가 재료를 넣어 익혀 간장 소스에 찍어 먹는다.

두부 돼지고기찜

주재료
돼지고기(얇게 썬 것) 80g
맛술 1
두부 1/4모
만송이버섯 1송이
슬라이스한 단호박 2조각
양배추 2장
소금 약간

간장 소스 재료
간장 2
식초 1
맛술 1
설탕 0.3
다시마 우린 물 1
깨소금 1

난이도 ★☆☆
2인분 [30분]

1. 돼지고기 80g은 얇게 썬 것으로 준비하여 맛술 1을 골고루 뿌린다.

2. 두부 1/4모는 1cm 두께로 썰고, 만송이버섯 1송이는 가닥가닥 떼고, 슬라이스한 단호박 2조각을 준비하고 양배추 2장은 살짝 데쳐 돌돌 만다.

3. 간장 2, 식초 1, 맛술 1, 설탕 0.3, 다시마 우린 물 1, 깨소금 1을 모두 섞어 간장 소스를 만든다.

4. 준비한 재료를 찜기에 먹음직스럽게 담아 찌거나 김이 오른 찜통에 넣어 5분 정도 쪄서 꼬치로 찔러보아 채소가 부드럽게 익으면 그릇에 담고 간장 소스를 곁들인다.

단아한 우럭찜

주재료
우럭 1마리
청주 적당량
소금·후춧가루 약간씩
대파·생강 약간씩
뜨거운 식용유 3
곁들이 채소 실파 1/4줌
홍고추 1/2개
고수 약간

소스 재료
굴소스 1
청주 2
간장 0.5
설탕 0.5
물 3

대체 식재료
우럭 ▶ 도미

난이도 ★☆☆
2인분 [30분]

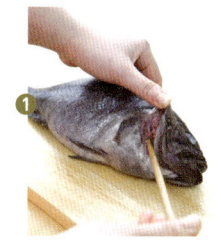

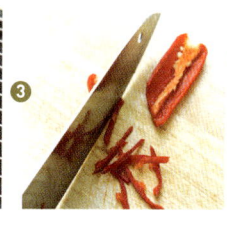

① 우럭 1마리는 비늘을 긁어내고 아가미 쪽에 젓가락을 찔러 넣어 내장을 빼내고 씻어 물기를 제거한다. 칼집을 깊게 넣고 청주, 소금, 후춧가루로 밑간한다.

② 대파, 생강은 채썰어 우럭 위에 올려 장식하고 140℃의 스팀오븐에서 20분 정도 익히거나 김이 오른 찜통에 찐다.

③ 실파 1/4줌은 4cm 길이로 썰고, 홍고추 1/2개는 가늘게 채썬다. 굴소스 1, 청주 2, 간장 0.5, 설탕 0.5, 물 3을 한데 섞어 소스를 끓인다.

④ 우럭이 익으면 그릇에 담고 연기가 날 때까지 식용유를 달구어 우럭찜에 끼얹고 소스를 뿌린다.

오징어 북어찜

난이도 ★★☆
2인분 [30분]

북어는 손질할 때 껍질이 잘 불도록 껍질 쪽이 아래로 향하도록 물에 담가야 하며, 불린 후에는 물기를 꼭 짜서 가위로 손질해야 한다.

주재료
북어 1마리
오징어 1마리
무(2cm 길이) 1토막
당근 1/6개
풋고추 · 홍고추 1/2개씩
물 2컵
참기름 1

양념장 재료
간장 3
설탕 1.5
참기름 1
다진 파 2
다진 마늘 1
맛술 1
후춧가루 약간

① 북어 1마리는 물에 불려 껍질 쪽에 잔 칼집을 넣고 머리와 지느러미를 자른 후 적당한 크기로 자른다.

② 오징어 1마리는 내장과 껍질을 제거한 후 잔 칼집을 내어 큼직하게 썬다.

③ 무 1토막은 1cm 두께의 원형으로 잘라 4등분한다.

④ 당근 1/6개는 같은 두께의 원형으로 썰어 2등분하고, 풋고추와 홍고추 1/2개씩은 어슷썬다.

⑤ 간장 3, 설탕 1.5, 참기름 1, 다진 파 2, 다진 마늘 1, 맛술 1, 후춧가루를 약간 섞어 양념장을 만든다.

⑥ 냄비에 무와 북어, 오징어, 당근, 물 2컵을 담고 양념장을 넣어 졸이다가 어느 정도 익으면 풋고추, 홍고추를 넣고 국물을 끼얹어 가며 끓여 마지막에 참기름 1을 두른다.

속이 궁금한 유부 주머니

국수장국 대신 맛국물을 넣어도 된다. 또 유부는 마트의 냉장 코너에서 판매하여 삶아서 사용하면 담백한 맛을 줄일 수 있다.

주재료
유부 8장
닭 가슴살 1조각
두부(작은 것) 1/2모
소금·후춧가루 약간씩
달걀 1/2개
표고버섯 1개
다진 파 0.5
미나리 약간
삶은 당면 50g

조림장 재료
물 2컵
국수장국 4
설탕 1

대체 식재료
닭 가슴살 ▶ 돼지고기

난이도 ★★☆
2인분 [30분]

유부 8장은 한 면만 잘라 끓는 물에 데쳐 물기를 짜서 벌려 두고, 닭 가슴살 1조각과 두부 1/2모를 달걀 1/2개, 소금과 후춧가루를 약간씩 믹서에 넣어 간다.

표고버섯 1개는 곱게 다지고 다진 파 0.5와 함께 갈아둔 닭 가슴살에 섞는다.

끓는 물에 미나리를 데쳐 찬물에 헹구어 물기를 꼭 짜고, 유부주머니에 ②를 넣고 모양을 잡아 데친 미나리로 묶는다.

냄비에 유부 주머니를 담고 물 2컵, 국수장국 4, 설탕 1을 섞은 조림장을 부어 국물 없이 졸인다.

닭봉조림

주재료
닭봉 10개(500g)
식용유 · 참기름 약간씩

밑간 재료
청주 1
소금 0.5
후춧가루 약간

조림장 재료
물 1컵
다진 마늘 1
마른 고추 1개
설탕 1
간장 3.5
청주 0.5
맛술 0.5
물엿 2.5

난이도 ★★☆
2인분 [30분]

① 닭봉 10개는 씻어 물기를 빼고 껍질에 잔칼집을 넣어 청주 1, 소금 0.5, 후춧가루 약간에 10분 정도 재운다.

② 프라이팬에 식용유를 두르고 양념한 닭봉을 3분 정도 노릇노릇하게 굽는다.

③ 냄비에 물 1컵, 다진 마늘 1, 마른 고추 1개, 설탕 1, 간장 3.5, 청주 0.5, 맛술 0.5, 물엿 2.5를 넣고 끓여 끓으면 닭봉을 넣고 센 불에 겉을 익힌 후 중간 불로 줄여 간이 고루 배도록 조린다.

④ 조림장이 졸아들고 자작해지면 참기름을 섞는다.

쇠고기 오징어 조림

조림은 양이 많다고 물을 많이 부으면 조림이 아니라 탕이 될 수 있으니 물을 적당히 부어야 한다.

난이도 ★★
2인분 [30분]

주재료	쇠고기 양념 재료	조림장 재료
쇠고기 70g	간장 1	간장 1
오징어 1마리	설탕 0.5	설탕 0.3
김 1/2장	다진 파 1	맛술 1
	다진 홍고추 1/2개분	물 2/3컵
	다진 풋고추 1/2개분	
	참기름 0.5	
	깨소금 0.3	
	후춧가루 약간	

① 쇠고기 70g은 간장 1, 설탕 0.5, 다진 파 1, 다진 홍고추 1/2개분, 다진 풋고추 1/2개분, 참기름 0.5, 깨소금 0.3, 후춧가루를 약간 섞은 양념장에 재운다.

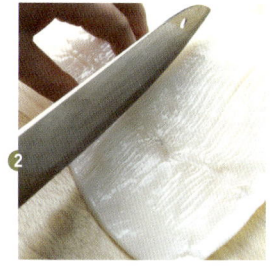

② 오징어 1마리는 껍질을 벗겨 깨끗이 손질해서 안 쪽에 가로로 0.2cm 간격으로 칼집을 내고 다리는 끓는 물에 살짝 데친다.

③ 김 1/2장은 오징어 몸통 길이와 비슷하게 자른다.

④ 오징어를 펴서 김을 얹고 양념한 쇠고기를 오징어 몸통에 펼쳐 얹은 후 오징어 다리를 3~4개쯤 올리고 말아 조리용 실로 묶는다.

⑤ 냄비에 간장 1, 설탕 0.3, 맛술 1, 물 2/3컵을 넣고 끓으면 ④를 넣어 조린다.

⑥ 실을 풀고 0.7cm 두께로 둥글게 썰어 접시에 담는다.

껍질밤 조림

꽈리고추가 없는 계절에는 풋고추나 피망 등을 넣는다.

주재료
밤 6개(100g)
연근 1/4개
당근 1/8개
물 1/2컵
계피 1조각
마른 고추 1개
꽈리고추 20g

조림장 재료
간장 1.5
물엿 0.3
맛술 1
설탕 0.3
참기름 약간

난이도 ★★☆
2인분 [30분]

1. 밤 6개는 겉껍질만 벗기고 반으로 썰고, 연근 1/4개, 당근 1/8개도 밤톨만하게 썬다.

2. 떫은맛이 우러나도록 끓는 물에 밤을 삶아 건진다.

3. 밤, 연근, 당근에 물 1/2컵을 붓고 계피 1조각, 마른 고추 1개를 넣은 후 간장 1.5, 물엿 0.3, 맛술 1, 설탕 0.3을 넣어 끓인다.

4. 국물이 윤기 나게 졸면 꽈리고추 20g을 넣어 조려서 참기름을 살짝 뿌린다.

새송이버섯 돼지고기조림

주재료
돼지고기(얇게 썬 것) 200g
새송이버섯 2개

돼지고기 밑간 재료
맛술 1
소금·후춧가루 약간씩

양념 재료
간장 2
맛술 2
물엿 1
생강즙·후춧가루 약간씩

기름기가 있는 부위의 돼지고기를 사용할 때는 기름이 오그라들지 않도록 칼끝으로 끊듯이 두드려 조리해야 모양이 반듯하다.

난이도 ★★☆
2인분 [30분]

① 돼지고기 200g은 넓게 편 후 맛술 1, 소금과 후춧가루를 뿌려 밑간한다.

② 새송이버섯 2개는 길이대로 3~4등분하고, 밑간한 돼지고기에 새송이버섯을 넣어 돌돌 만다.

③ 간장 2, 맛술 2, 물엿 1, 생강즙과 후춧가루를 약간씩 섞는다.

④ 팬에 새송이버섯으로 만 돼지고기를 넣어 노릇하게 구워서 양념장을 넣고 조리듯이 볶는다.

해물 누룽지탕

찹쌀로 만든 누룽지는 튀기면 하얗게 부풀어 올라 바삭바삭하다. 많은 양을 한꺼번에 튀기면 누룽지가 불어서 맛이 없으니 먹을 만큼씩만 요리하고, 누룽지를 튀기자마자 소스를 부어야 소리가 나고 바삭하니 맛도 좋다.

난이도 ★★☆
4인분 [30분]

주재료
표고버섯 2개
양파 1/4개
당근 약간
브로콜리 1/4송이
오징어 1/2마리
새우 8마리
바지락 1봉지
소금 약간
대파 1/4대

마늘 1쪽
튀김기름 적당량
찹쌀 누룽지 8개

소스 재료
식용유 1
간장 1
청주 2
굴소스 1
설탕 0.3
물 1컵
참기름 0.5
후춧가루 · 녹말물
약간씩

표고버섯 2개는 밑동을 떼어 납작하게 썰고, 양파 1/4개, 당근은 납작납작하게 썰고, 브로콜리 1/4송이는 끓는 물에 살짝 데쳐 먹기 좋은 크기로 썬다.

오징어 1/2마리는 칼집을 넣어 먹기 좋은 크기로 썰고, 새우 8마리는 등쪽에 꼬치를 찔러 내장을 빼내고, 바지락 1봉지는 엷은 소금물에 담가 해감한 후 건진다.

대파 1/4대, 마늘 1쪽은 채썬다.

팬에 식용유 1을 두르고 대파, 마늘을 넣어 볶다가 간장 1, 청주 2를 넣어 볶는다. 새우, 오징어, 바지락을 넣고 물을 부어 끓이다가 굴소스 1, 설탕 0.3, 물 1컵, 참기름 0.5, 후춧가루를 넣어 끓인다.

국물이 끓으면 브로콜리를 넣고 녹말물을 부어가며 농도를 맞춘다.

찹쌀 누룽지 8개는 170℃의 튀김기름에 튀겨 접시에 담고, 소스를 뜨겁게 하여 누룽지에 붓는다.

해물 떡그라탱

떡은 가래떡을 동그랗게 잘라서 사용해도 되고 가래떡을 길쭉하게 썰어 사용해도 된다.

주재료
떡볶이떡 200g
오징어 1/2마리
바지락 1/2컵
소금 약간
양배추 2장
양파 1/4개
풋고추 1/2개
피자 치즈 1/2컵

양념장 재료
고추장 1.5
고춧가루 0.5
간장 1
설탕 1.5
굴소스 0.5
참기름 0.3
다진 마늘 0.3

난이도 ★★☆
2인분 [30분]

① 떡볶이떡 200g은 미지근한 물에 담가 부드럽게 불려서 물기를 제거한다.

② 오징어 1/2마리는 먹기 좋은 크기로 썰고, 바지락 1/2컵은 소금물에 담가 해감시킨 후 씻어 건진다.

③ 양배추 2장, 양파 1/4개는 두껍게 채썰고, 풋고추 1/2개는 어슷썬다.

④ 볼에 재료를 담고 고추장 1.5, 고춧가루 0.5, 간장 1, 설탕 1.5, 굴소스 0.5, 참기름 0.3 다진 마늘 0.3을 넣어 버무린 후 쿠킹 포일에 담고 피자 치즈 1/2컵을 골고루 뿌려 220℃의 오븐에서 12분 정도 굽는다.

해산물과 레몬 소금

주재료

새우 5마리
오징어 1/2마리
모시조개 1봉지
화이트 와인 1/4컵
소금 약간

레몬 소금 재료

홍고추 1/4개
청양고추 1/4개
레몬즙 2
고운 소금 0.5

대체 식재료

화이트와인 ▶ 맥주, 청주

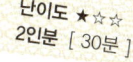
난이도 ★☆☆
2인분 [30분]

해산물은 너무 오래 익히면 질겨져서 맛이 떨어진다. 소금은 양념하기에 좋은 천일염이나 볶은 소금 등을 넣는다.

새우 5마리는 내장을 제거한 후 물에 깨끗이 씻고, 오징어 1/2마리는 내장과 껍질을 제거한다.

모시조개 1봉지는 옅은 소금물에 담가 해감하여 깨끗이 씻는다.

냄비에 새우, 오징어, 모시조개를 담고 화이트 와인 1/4컵, 소금 약간을 넣어 익힌다.

홍고추 1/4개와 청양고추 1/4개는 반으로 잘라 송송 썰어 레몬즙 2, 고운 소금 0.5와 섞어 해산물에 곁들인다.

애호박
납작만두

호박, 표고버섯,
풋고추를 볶을 때는
익는 시간이 다르므로
번거롭더라도 따로
볶아야 한다.

난이도 ★★☆
2인분 [30분]

주재료

애호박 1개
마른 표고버섯 3개
풋고추 1개
식용유 적당량
참기름 1
깨소금 1
소금 · 후춧가루 약간씩

반죽 재료

밀가루 1컵
소금 약간
물 4

대체 식재료

밀가루 ▶ 냉동 만두피

볼에 밀가루 1컵, 소금 약간을 넣고 고루 섞은 후 물 4를 넣어 고루 치댄다.

애호박 1개는 채썰고, 마른 표고버섯 3개는 미지근한 물에 담가 불려서 밑동을 잘라내어 채썰고, 풋고추 1개는 씨를 제거하고 굵직하게 다진다.

팬에 식용유를 두르고 애호박, 표고버섯, 풋고추를 각각 볶아 소금으로 간하여 볼에 담고 참기름 1, 깨소금 1, 후춧가루를 넣어 간한다.

밀가루 반죽을 한 덩어리씩 떼어 밀대로 동그랗게 밀어서 만두소를 넣어 납작하게 모양을 빚는다. 식용유를 두른 팬에 앞뒤로 노릇하게 지진다.

짝퉁 비빔만두

주재료
참나물 40g
양배추 2장
냉동 만두 12개
식용유 약간

초고추장 재료
고추장 2
고춧가루 0.5
식초 2
설탕 1.5
맛술 1

냉동만두는 냉동 상태로 프라이팬에 넣어 굽다가 물 3~4숟가락 넣어 뚜껑을 덮고 익힌다.

난이도 ★☆☆
2인분 [20분]

① 참나물 40g은 다듬어 씻어 먹기 좋은 길이로 썬다.

② 양배추 2장은 곱게 채썬다.

③ 냉동 만두 12개는 프라이팬을 달궈 식용유를 두르고 노릇노릇하게 구워 접시에 담는다.

④ 고추장 2, 고춧가루 0.5, 식초 2, 설탕 1.5, 맛술 1을 섞어 채소와 버무려 만두에 곁들인다.

사계절 회무침

주재료

참치회(8cm 길이) 1/2토막
양배추 1장
양파 1/4개
오이 1/4개
풋고추 1/2개
홍고추 1/2개
깻잎 10장
날치알 2

고추장 재료

고추장 2
식초 1.5
고춧가루 0.5
설탕 1
다진 마늘 0.5
생강즙 · 깨소금 약간씩

채소를 미리 무쳐두면 물기가 생기므로 많은 양의 회무침을 만들 때는 회만 먼저 무치고 나머지 채소는 먹기 전에 버무린다.

난이도 ★☆☆
2인분 [30분]

① 참치회 1/2토막은 해동시켜 물기를 제거하고 굵게 채썬다.

② 양배추 1장, 양파 1/4개, 오이 1/4개는 각각 채썰고, 풋고추 1/2개, 홍고추 1/2개는 어슷하게 썰고, 깻잎 10장은 씻어 물기를 빼서 꼭지를 잘라낸다.

③ 고추장 2, 식초 1.5, 고춧가루 0.5, 설탕 1, 다진 마늘 0.5, 생강즙과 깨소금을 약간씩 섞어 초고추장을 만든다.

④ 채소에 초고추장을 넣어 살살 버무린 후 참치회를 넣어 무쳐 깻잎을 곁들인다.

주꾸미 삼겹살볶음

난이도 ★☆☆
2인분 [20분]

주꾸미는 봄이 제철이므로 봄에 주로 해 먹고 가을철에는 주꾸미 대신 낙지를 넣는다.

주재료
주꾸미 4마리
굵은소금 약간
삼겹살 200g
양파 1/4개
대파 1/2대
깻잎 6장
마늘 2쪽
풋고추 1/2개
홍고추 1/2개
식용유 적당량
깨소금 · 참기름 약간씩

양념장 재료
고추장 3
고춧가루 1
설탕 1
물엿 1
맛술 1
다진 마늘 2
다진 생강 · 후춧가루
약간씩

대체 식재료
주꾸미 ▶ 낙지
삼겹살 ▶ 목살

❶ 주꾸미 4마리는 내장을 빼서 굵은소금으로 문질러 씻어 큼직하게 썬다.

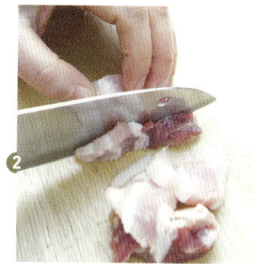

❷ 삼겹살 200g은 한 입 크기로 자른다.

❸ 고추장 3, 고춧가루 1, 설탕 1, 물엿 1, 맛술 1, 다진 마늘 2, 다진 생강과 후춧가루를 약간씩 섞어 주꾸미와 삼겹살에 넣어 고루 버무린다.

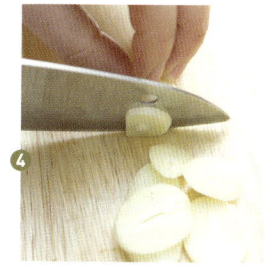

❹ 양파 1/4개는 채썰고, 대파 1/2대는 어슷썰고, 깻잎 6장은 꼭지를 떼어 적당한 크기로 썰고, 마늘 2쪽은 납작하게 저미고, 풋고추 1/2개와 홍고추 1/2개는 어슷하게 썬다.

❺ 팬을 달구어 식용유를 두르고 양파를 넣어 중간 불로 볶다가 양념한 주꾸미와 삼겹살을 넣어 센 불로 볶는다.

❻ 대파와 풋고추, 홍고추, 마늘을 넣고 볶다가 재료가 익으면 깻잎과 깨소금, 참기름을 넣고 골고루 섞어가며 살짝 볶는다.

두부 버섯볶음

요리에 사용하는 녹말은 감자나 고구마 녹말을 사용하면 쫄깃한 맛도 나고 윤기도 잘 난다.

주재료

두부(작은 것) 1모
소금 약간
녹말 1/4컵
식용유 적당량
느타리버섯 1/2줌
팽이버섯 1/2봉지
실파 2뿌리
양파 1/4개
검은깨 약간

양념장 재료

굴소스 1
다진 마늘 0.3
설탕 0.3
후춧가루·참기름 약간씩

난이도 ★☆☆
2인분 [30분]

1. 두부 1모는 직사각형으로 잘라 소금을 골고루 뿌려 물기가 생기면 키친타월로 제거하고 녹말 1/4컵을 묻혀 팬에 식용유를 두르고 노릇하게 지진다.

2. 느타리버섯 1/2줌은 적당한 크기로 떼고, 팽이버섯 1/2봉지는 밑동을 자르고 가닥가닥 떼고, 실파 2뿌리는 다듬어 씻어 3cm 길이로 자르고, 양파 1/4개는 채썬다.

3. 굴소스 1, 다진 마늘 0.3, 설탕 0.3, 후춧가루와 참기름 약간씩을 섞어 양념장을 만든다.

4. 팬에 식용유를 살짝 두르고 양파, 느타리버섯, 팽이버섯을 볶다가 양념장을 넣고 뒤적이다 지진 두부와 실파를 넣고 살짝 볶아 검은깨를 뿌린다.

매시드 포테이토와 김치볶음

재료
- 감자(작은 것) 2개
- 달걀노른자 1개분
- 버터 1
- 우유 2
- 파슬리가루·소금 약간씩
- 김치 1컵
- 양파 1/8개
- 햄 50g
- 식용유 적당량
- 피자 치즈 1/4컵

난이도 ★★☆
2인분 [30분]

① 감자 2개는 껍질을 벗겨서 적당한 크기로 썰어 비닐팩에 담아 전자레인지에서 3분 정도 익히거나, 냄비에 넣어 감자가 잠길 정도로 물을 붓고 완전히 무르도록 익힌다.

② 감자가 뜨거울 때 곱게 으깬 후 달걀노른자 1개, 버터 1, 우유 2. 파슬리가루와 소금을 약간씩 넣어 고루 섞는다.

③ 김치 1컵, 양파 1/8개, 햄 50g은 굵직하게 다져 팬에 식용유를 약간 두르고 볶는다.

④ 짤주머니에 으깬 감자를 담고 오븐팬 위에 둥근 그릇 모양으로 짜서 원 안에 볶은 재료를 넣고 그 위에 피자 치즈 1/4컵을 골고루 뿌려 200℃의 오븐에서 10분 정도 굽는다.

문어 간장 튀김

남은 문어는 오이, 미역, 초간장으로 양념하여 회로 즐겨도 좋고 문어 대신 낙지나 주꾸미를 사용하면 색다른 맛이 난다.

주재료
문어 1/2마리
굵은소금 약간
실파 2뿌리
튀김가루 1컵
찬물 2/3컵
덧밀가루 약간
튀김기름 적당량

문어 양념 재료
간장 1
맛술 2
생강즙 약간

난이도 ★★☆
2인분 [30분]

1. 문어 1/2마리는 내장을 제거하고 다리는 굵은소금으로 바락바락 문질러 씻은 후 끓는 물에 살짝 데쳐 먹기 좋은 크기로 자른다.

2. 문어에 간장 1, 맛술 2, 생강즙 약간을 넣어 조물조물 무치고, 실파 2뿌리는 다듬어 송송 썬다.

3. 볼에 튀김가루 1컵, 찬물 2/3컵을 넣어 반죽한 다음 실파를 넣어 섞는다.

4. 문어에 덧밀가루를 살짝 바른 후 튀김옷을 입혀 180℃의 튀김기름에 바삭하게 튀긴다.

재료

마른 표고버섯 10개
된장 1
맛술 1
녹말가루 1/3컵
튀김기름 적당량

대체 식재료

녹말가루 ▶ 튀김가루

황금 표고버섯 튀김

생표고버섯은 물기가 많아서 튀겨도 바삭하지 않으므로 마른 버섯을 사용하는 것이 좋다.

난이도 ★☆☆
2인분 [30분]

❶ 마른 표고버섯 10개는 미지근한 물에 담가 불린 후 밑동을 자르고 물기를 꼭 짜서 큰 것은 반으로 자른다.

❷ 볼에 된장 1, 맛술 1을 넣어 고루 섞은 후 표고버섯에 넣어 조물조물 무친다.

❸ 양념한 표고버섯에 녹말가루 1/3컵을 넣어 골고루 묻힌다.

❹ 표고버섯을 180℃의 튀김기름에 바삭하게 튀긴다.

올리브튀김과 토마토 소스

재료
블랙 올리브 8개
감자 1/2개
참치통조림(작은 것) 1통
다진 파슬리 0.3
소금·후춧가루 약간씩
달걀 1개
밀가루·빵가루 약간씩
튀김기름 적당량
토마토 소스 1/4컵

대체 식재료
토마토 소스 ▶ 토마토케첩

난이도 ★★☆
2인분 [30분]

1 블랙 올리브 8개는 반으로 자르고, 감자 1/2개는 껍질을 벗기고 납작하게 썰어 비닐팩에 넣어 전자레인지에서 2분 정도 익혀서 곱게 으깬다.

2 참치 통조림 1통은 기름기를 빼고 으깬 감자와 섞은 후 다진 파슬리 0.3, 소금, 후춧가루를 약간씩 넣어 섞는다.

3 블랙 올리브와 참치를 섞어 완자 모양으로 동그랗게 빚는다.

4 ③에 밀가루, 달걀물, 빵가루 순으로 튀김옷을 입히고 180℃의 튀김기름에 바삭하게 튀겨 접시에 담고 토마토 소스 1/4컵을 곁들인다.

참치 타워

주재료
- 냉동 참치(횟감) 1/4팩
- 오이 1/4개
- 노랑 파프리카 1/4개
- 블랙 올리브 2개
- 새싹 채소 약간

수삼 드레싱 재료
- 수삼 1뿌리
- 올리브 오일 3
- 식초 1.5
- 설탕 1
- 소금 약간

참치는 대부분 냉동 상태로 판매되는데, 사용할 만큼만 해동해서 사용한다. 한번 해동한 참치는 다시 냉동하지 않는 것이 좋다.

난이도 ★★☆
2인분 [30분]

❶ 참치 1/4팩은 작은 주사위 모양으로 썬다.

❷ 오이 1/4개, 노랑 파프리카 1/4개도 참치와 비슷한 크기로 썰고, 블랙 올리브 2개는 반으로 잘라 편으로 썬다.

❸ 수삼 1뿌리는 곱게 다져 올리브 오일 3, 식초 1.5, 설탕 1, 소금을 넣어 섞는다.

❹ 접시에 종이컵이나 둥근 틀을 만들어 참치, 오이, 노랑 파프리카, 블랙 올리브를 켜켜이 쌓은 후 틀을 빼내 모양을 잡는다. 새싹 채소로 장식하여 수삼 드레싱을 곁들인다.

찹스테이크

난이도 ★★☆
2인분 [30분]

양송이버섯 대신 느타리버섯, 새송이버섯 등을 넣어도 되며, 토마토케첩 대신 토마토소스를 활용해도 된다.

주재료

쇠고기(등심) 200g
올리브 오일 적당량
양송이버섯 3개
피망 1/2개
빨강 피망 1/2개
양파 1/4개
소금 · 후춧가루 약간씩

소스 재료

토마토케첩 3
칠리소스 1
머스터드 1

대체 식재료

쇠고기(등심) ▶ 햄
피망 ▶ 브로콜리

❶ 쇠고기는 등심으로 200g을 준비하여 한 입 크기로 잘라 올리브 오일을 살짝 뿌린다.

❷ 양송이버섯 3개는 4등분한다.

❸ 피망 1/2개, 빨강 피망 1/2개는 씨를 빼서 한 입 크기로 썰고 양파 1/4개도 한 입 크기로 썬다.

❹ 팬에 올리브 오일을 적당히 두르고 채소를 볶아 소금, 후춧가루로 간한다.

❺ 토마토케첩 3, 칠리소스 1, 머스터드 1을 섞어 소스를 만든다.

❻ 팬에 올리브 오일을 두르고 쇠고기를 볶다가 소스를 넣어 볶는다. 쇠고기가 익으면 볶은 채소를 넣어 볶다가 소금, 후춧가루로 간한다.

햄버그 스테이크

햄버그 스테이크에 너트메그를 넣으면 맛이 좋지만 없다면 로즈메리나 타임 등의 향신료를 사용한다.

난이도 ★★☆
2인분 [30분]

주재료
- 양파 1/4개
- 토마토 1/4개
- 식용유 적당량
- 스테이크 소스 3
- 베이키드 빈스 1/3컵

패티 재료
- 양파 1/4개
- 소금·후춧가루 약간씩
- 쇠고기(간 것) 100g
- 돼지고기(간 것) 50g
- 달걀 1/2개분
- 빵가루 1/4컵
- 우유 2
- 토마토케첩 1
- 다진 마늘 0.3
- 너트메그 약간

대체 식재료
너트메그 ▶ 향신료

① 양파 1/4개, 토마토 1/4개는 슬라이스한다.

② 패티에 넣는 양파 1/4개는 곱게 다져 달군 팬에 식용유를 두르고 볶아서 소금, 후춧가루로 간하여 식힌다.

③ 패티 재료인 볶은 양파, 쇠고기 100g, 돼지고기 50g, 달걀 1/2개분, 빵가루 1/4컵, 우유 2, 토마토케첩 1, 다진 마늘 0.3, 너트메그 약간을 볼에 넣고 끈기가 생길 때까지 치댄다.

④ 패티를 동그란 모양으로 빚어 팬에서 센 불로 앞뒤를 지진 후 은근한 불로 속까지 익히거나 180℃로 예열한 오븐에서 15분 정도 굽는다.

⑤ 팬에 슬라이스한 양파와 토마토를 살짝 굽는다.

⑥ 접시에 햄버그 스테이크를 담고 스테이크 소스 3을 뿌린 후 토마토와 양파를 얹고 베이키드 빈스 1/3컵을 곁들인다.

소시지 크레이프

모차렐라 치즈는 원래 물소의 젖으로 만들지만 요즘은 대부분 우유로 만들며 숙성시키지 않고 바로 모양을 잡아 판매하기 때문에 신선한 맛이 난다.

주재료

프랑크 소시지 2개
모차렐라 치즈 1/4컵
메추리알 4개
소금 · 후춧가루 약간씩
식용유 적당량

크레이프 반죽 재료

밀가루(박력분) 25g
버터 55g
달걀 1/2개분
설탕 12g
우유 90㎖
소금 0.5g
식용유 적당량

난이도 ★★☆
2인분 [30분]

① 밀가루 25g을 체에 치고, 버터 55g은 중탕으로 녹인다. 볼에 달걀 1/2개를 잘 풀어서 설탕 12g을 섞고 밀가루, 버터, 우유 90㎖, 소금 0.5g을 넣어 멍울이 생기지 않게 잘 푼다.

② 팬에 식용유를 한 방울 떨어뜨려 키친타월로 닦아낸 후 ①의 반죽을 한 국자씩 떠서 동그랗고 얇게 부친다.

③ 프랑크 소시지 2개는 어슷하게 썰어 크레이프에 얹고 모차렐라 치즈 1/4컵을 올린다.

④ 메추리알 4개를 올린 다음 크레이프를 접어 180℃의 오븐에서 10분 정도 굽는다.

대파 쪽파 실파 피자

재료
- 토르티야 2장
- 양송이버섯 2개
- 실파 10뿌리
- 블랙 올리브 2개
- 안초비 2마리
- 피자 치즈 2/3컵
- 토마토 소스 3
- 소금·후춧가루 약간씩

대체 식재료
- 토르티야 ▶ 식빵
- 실파 ▶ 대파

> 안초비는 지중해와 유럽 근해에서 잡히는 멸치류의 작은 생선을 소금에 절인 것이다. 병조림이나 통조림으로 판매하는데 사용하고 남은 것은 밀폐용기에 담아 기름을 채워서 보관한다.

난이도 ★★☆
2인분 [30분]

1. 양송이버섯 2개는 모양대로 썰고, 실파 10뿌리는 끓는 물에 살짝 데쳐 물기를 빼고, 블랙 올리브 2개는 모양대로 썰고, 안초비 2마리는 굵게 다진다.

2. 토르티야 1장에 피자 치즈 1/3컵을 뿌린 후 남은 토르티야 1장으로 덮고 그 위에 토마토 소스 3을 골고루 펴 바른다.

3. 양송이버섯, 실파, 올리브, 안초비를 올린 후 소금, 후춧가루를 뿌리고 남은 피자 치즈 1/3컵을 뿌린다.

4. 토르티야를 200℃의 오븐에서 10분 정도 굽는다.

퀘사디아

오븐이 없을 때에는 팬에 퀘사디아를 올리고 뚜껑을 덮어서 치즈가 녹도록 은근한 불로 앞뒤로 굽는다.

난이도 ★★☆
2인분 [30분]

주재료
토르티야 2장
닭고기(안심) 2조각
양파 1/6개
느타리버섯 1/2줌
청양고추 1/2개
식용유 적당량
소금·후춧가루 약간씩
피자 치즈 1/2컵

닭고기 양념 재료
굴소스 0.3
간장 0.3
물엿 0.5
후춧가루 약간

대체 식재료
닭고기 ▶ 햄, 베이컨

닭고기는 안심으로 2조각을 준비하여 1cm 크기로 썬다.

닭고기에 굴소스 0.3, 간장 0.3, 물엿 0.5, 후춧가루를 넣어 양념해서 재운다.

양파 1/6개는 채썰고, 느타리버섯 1/2줌은 가닥가닥 떼고, 청양고추 1/2개는 송송 썬다.

팬에 식용유를 살짝 두르고 닭고기를 볶다가 거의 익으면 양파, 느타리버섯을 넣고 살짝 볶은 후 소금, 후춧가루로 간한다.

토르티야에 닭고기, 채소, 청양고추를 올려 피자 치즈 1/2컵을 뿌리고 반으로 접는다.

⑤를 220℃로 예열한 오븐에서 7~8분 정도 굽는다.

감자 크로켓

감자는 전자레인지에서 익힌 후 뜨거울 때 으깬다.

재료

감자 1개
버터 1
파슬리가루 0.3
소금 약간
롤 치즈 1줄
모차렐라 치즈 2
밀가루 2
달걀물 1/2개분
빵가루 1/4컵
튀김기름 적당량

대체 식재료

롤 치즈 ▶ 슬라이스 치즈

난이도 ★★★
2인분 [30분]

① 감자 1개는 껍질을 벗겨 큼직하게 썬 후 비닐팩에 넣어 전자레인지에서 3분 정도 익힌 다음 밀대로 으깨 버터 1, 파슬리가루 0.3, 소금 약간을 넣어 섞는다.

② 롤 치즈 1줄은 1cm 크기로 자른다.

③ 감자를 한 숟가락 크게 떠 롤 치즈와 모차렐라 치즈를 적당히 넣어 크로켓 모양으로 만든다.

④ ③에 밀가루 2, 달걀물 1/2개분, 빵가루 순으로 튀김옷을 입혀 180℃의 튀김기름에 노릇하게 튀긴다.

고구마 팬케이크

199

재료
- 찐 고구마 1개
- 파르메산 치즈가루 1
- 박력분 3
- 베이킹파우더·소금 약간씩
- 우유 3
- 올리브 오일 2
- 건포도 적당량
- 계핏가루·슈거 파우더 약간씩

대체 식재료
고구마 ▶ 단호박

슈거 파우더는 설탕을 곱게 가루 내어 녹말을 약간 섞은 것으로 입자가 아주 곱다.

난이도 ★★☆
2인분 [30분]

❶ 찐 고구마 1개는 껍질을 벗겨 뜨거울 때 으깨어 파르메산 치즈가루 1, 박력분 3, 베이킹파우더와 소금을 약간씩 넣어 섞다가 우유 3, 올리브 오일 2를 넣어 고루 섞는다.

❷ ①의 고구마의 반은 동글납작하게 빚고 나머지 반은 건포도를 다져 섞은 다음 동글납작하게 빚는다.

❸ 팬에 고구마를 넣어 뚜껑을 덮고 은근한 불에 앞뒤로 노릇하게 지진다.

❹ 익은 고구마를 접시에 담고 계핏가루와 슈거 파우더를 솔솔 뿌린다.

양파
그라탱

양파는 길쭉한 것도 있고 납작한 것도 있는데, 그라탱에는 납작한 양파를 사용하는 것이 좋다. 양파는 단단한 것으로 구입하여 서늘한 곳에 보관한다.

난이도 ★★☆
2인분 [30분]

재료

햇양파 1개
새우살 1/3컵
베이컨 1장
빵가루 1/3컵
파슬리가루 0.5
올리브 오일 2

가루 치즈 1
우유 1/2컵
밀가루 1
올리브 오일 적당량
혼합 채소 1/2컵
소금·후춧가루 약간씩

대체 식재료

베이컨 ▶ 햄

① 햇양파 1개는 반으로 잘라 전자레인지에 1분 정도 익힌 후 속을 꺼내 컵 모양으로 만든다.

② 새우살 1/3컵과 베이컨 1장은 각각 잘게 썬다.

③ 그릇에 빵가루 1/3컵, 파슬리가루 0.5, 올리브 오일 2, 가루 치즈 1을 섞는다.

④ 우유 1/2컵에 밀가루 1을 잘 섞어 불에 올려 저어가며 2~3분 정도 끓여 농도가 적당히 생기면 불에서 내린다.

⑤ 팬에 올리브 오일을 적당히 두르고 베이컨과 새우살을 볶다가 혼합 채소 1/2컵을 볶아 소금과 후춧가루로 간한 다음 ④와 섞는다.

⑥ 양파 컵에 ⑤를 채우고 ③의 빵가루를 얹어 180℃의 오븐에서 15분 정도 굽는다.

뉴요커 핫도그

미트 소스는 달군 팬에 기름을 두르고 쇠고기를 볶다가 소금, 후춧가루로 간을 하여 토마토 케첩이나 토마토 소스를 넣어 걸쭉하게 조리면 된다.

재료
핫도그 빵 2개
버터 적당량
소시지 2개
피망 1/2개
양파 1/8개
다진 피클 2
토마토 소스 1/2컵
피자 치즈 1/2컵

대체 식재료
핫도그빵 ▶ 바게트
토마토 소스 ▶ 미트 소스

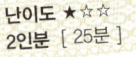
난이도 ★☆☆
2인분 [25분]

① 핫도그 빵 2개는 길이로 깊게 칼집을 넣고 안쪽의 양면에 버터를 바른다.

② 소시지 2개는 칼집을 넣어 팬에 굴려가면서 굽는다.

③ 피망 1/2개와 양파 1/8개는 굵게 다지고, 다진 피클 2도 준비한다.

③ 핫도그 빵 사이에 토마토 소스 1/2컵을 바르고 소시지와 피망, 양파, 다진 피클을 올린 후 피자 치즈 1/2컵을 뿌려 200℃로 예열한 오븐에서 5~6분 정도 굽는다.

재료
고구마 2개
로즈메리 1/2줄기
버터 3
설탕 0.3

대체 식재료
로즈메리 1/2줄기 ▶
드라이 로즈메리 0.5

통고구마와 허브 버터

버터는 적당한 크기로 길쭉하게 잘라 냉동실에 두었다가 필요할 때마다 잘라서 사용하면 편리한데, 밀폐를 잘해서 보관해야 냉동실의 잡냄새가 배지 않는다.

난이도 ★☆☆
2인분 [30분]

고구마 2개는 껍질째 깨끗이 씻어 250℃의 오븐에서 30분 정도 굽는다.

로즈메리 1/2줄기는 잘게 다져 버터 3, 설탕 0.3과 고루 섞는다.

구운 고구마의 윗면을 칼로 살짝 잘라 벌린 후 로즈메리 버터를 올린다.

짭조름한 누룽지

재료
견과류(호두, 호박씨, 잣 등) 적당량
밥 1/2공기
참기름 약간
잔멸치 2

대체 식재료
잔멸치 ▶ 마른 새우, 뱅어포, 새우

견과류는 지방이 많아 다질 때 도마 위에 키친타월을 깔고 칼로 다지면 좋다.

난이도 ★☆☆
2인분 [30분]

① 볼에 밥 1/2공기를 담고 참기름을 약간 섞는다.

② 잔멸치 2와 다진 견과류를 넣어 고루 섞는다.

③ 오븐 용기에 밥을 놓고 둥글납작하게 편다.

④ 200℃의 오븐에서 20분 정도 굽거나, 팬에 넣어 은근한 불로 앞뒤를 노릇노릇하게 굽는다.

색색 카나페

재료

- 식빵 1장
- 크래커 4개
- 크림치즈 1
- 닭 가슴살 1조각
- 소금·후춧가루 약간씩
- 마요네즈 약간
- 머스터드 약간
- 참치 통조림 1/2통
- 다진 양파 1
- 다진 오이피클 0.5
- 마요네즈 약간
- 오이 1/6개
- 날치알 1
- 무순·허브류 약간씩

카나페에 사용하는 식빵이나 크래커는 단맛이 덜해야 다른 재료들의 맛을 살릴 수 있다.

난이도 ★★☆
2인분 [30분]

① 식빵 1장은 가장자리를 잘라내고 4등분하여 동그랗게 잘라서 토스터에 굽는다. 식빵에 크림치즈 1을 얇게 펴 바른다.

② 닭 가슴살 1조각은 끓는 물에 삶아 가늘게 찢어 소금, 후춧가루로 간한 후 마요네즈, 머스터드를 약간씩 넣어 버무린다.

③ 참치 통조림 1/2통은 기름기를 빼고 다진 양파 1, 다진 오이피클 0.5를 넣고 마요네즈를 약간 넣어 버무린다.

④ 식빵과 크래커 위에 닭 가슴살, 참치, 오이, 날치알, 무순, 허브류 순으로 올려 장식한다.

40분 야참

Recipes 17

허브 갈릭치킨과 감자

허브 솔트는 오레가노, 통후추, 마늘, 고추 등 허브와 소금을 섞어 만든 가공 소금이에요. 고기 요리에 주로 사용하며 순한 맛과 매콤한 맛이 있다.

난이도 ★★☆
2인분 [40분]

주재료

감자 1개
올리브 오일 적당량
허브 솔트 약간
닭다리 4개
덧밀가루 1/4컵
식용유 적당량

닭 양념 재료

간장 2
맛술 0.5
설탕 0.3
물 2
소금·후춧가루 약간씩

허브 크러스트 재료

버터 2
다진 마늘 2
빵가루 1/4컵
다진 파슬리 약간

대체 식재료

닭다리 ▶ 닭 가슴살

① 감자 1개는 깨끗이 씻어 껍질째 큼직하게 잘라 올리브 오일과 허브 솔트를 약간씩 뿌린다.

② 감자를 200℃의 오븐에서 20분 정도 굽는다.

③ 닭다리 4개는 뼈를 발라내고 칼집을 넣어 간장 2, 맛술 0.5, 설탕 0.3, 물 2, 소금과 후춧가루를 약간씩 섞은 양념에 10분 정도 재워서 덧밀가루 1/4컵을 입혀 식용유를 두른 팬에 노릇하게 지진다.

④ 버터 2가 부드럽게 녹으면 다진 마늘 2, 빵가루 1/4컵, 다진 파슬리를 섞어 허브 크러스트를 만든다.

⑤ 구운 닭다리 껍질에 허브 크러스트를 묻혀 180℃로 예열한 오븐에서 10분 정도 굽는다.

⑥ 접시에 구운 감자를 깔고 허브 갈릭치킨을 올린다.

오렌지 닭고기 샐러드

닭고기를 익히는 것이 번거롭다면 닭 가슴살 통조림을 이용해도 된다.

주재료

닭 가슴살 200g
소금·후춧가루 약간씩
마늘 1쪽
식용유 약간
양파 1/4개
당근 1/6개
샐러드 채소 적당량
오렌지 1개

드레싱 재료

올리브 오일 3
식초 1
레몬즙 1
설탕 0.5
양겨자 0.5
소금·후춧가루 약간씩

난이도 ★★☆
2인분 [35분]

닭 가슴살 200g은 소금과 후춧가루를 뿌려서 20분 정도 재우고 마늘 1쪽은 편으로 썬다.

팬에 식용유를 살짝 두르고 편으로 썬 마늘을 볶다가 밑간한 닭 가슴살을 넣어 앞뒤로 노릇하게 구워 식힌 후 적당한 크기로 자른다.

양파 1/4개와 당근 1/6개는 채썰고, 샐러드 채소는 씻어서 물기를 빼고, 오렌지 1개는 껍질을 벗기고 과육을 발라낸다.

볼에 닭고기, 양파, 당근, 셀러리, 샐러드 채소, 오렌지를 담고 올리브 오일 3, 식초 1, 레몬즙 1, 설탕 0.5, 양겨자 0.5, 소금과 후춧가루 약간씩을 섞어 버무린다.

3종 주먹밥
진지, 메, 수라

주재료
밥 2공기
후리카케 적당량
참기름 적당량
김(김밥용) 3장

소 재료 A
날치알 4

소 재료 B
다진 돼지고기 100g
고추장 1
고춧가루 0.3
물엿 0.5
설탕 0.3
다진 마늘 0.5
참기름·통깨 약간씩
다진 양파 2
식용유 약간

소 재료 C
게맛살 2줄
마요네즈 2
소금·후춧가루 약간씩

난이도 ★★☆
2인분 [35분]

밥 2공기는 따끈하게 준비해 후리카케와 참기름을 적당량씩 넣어 버무리고, 김 2장은 가로로 2등분한다.

다진 돼지고기에 고추장 1, 고춧가루 0.3, 물엿 0.5, 설탕 0.3, 다진 마늘 0.5, 참기름과 통깨 약간씩에 양념하여 달궈 식용유를 두른 프라이팬에 다진 양파 2와 함께 넣어 센 불에서 볶는다.

밥을 적당한 크기로 동그랗게 뭉쳐 가운데에 준비된 소를 각각 넣어 단단하게 뭉쳐 삼각형 모양을 만든다.

삼각 주먹밥에 자른 김으로 띠를 두르고 위쪽에 남은 소를 올린다.

굴튀김과 참깨 소스

튀김용 굴은 작은 것보다는 큰 것이 적당하며 작은 굴은 두 세개를 뭉쳐서 튀긴다.

난이도 ★★☆
2인분 [40분]

주재료
굴 300g
굵게 다진 파슬리 1
밀가루 1/4컵
달걀물 1/2개분
빵가루 1컵
채썬 양배추·레몬 약간씩
튀김기름 적당량

참깨 소스 재료
우스터 소스 1/4컵
곱게 간 참깨 1/4컵
토마토케첩 1
설탕 0.5
간장 0.5
맛술 0.5

① 굴 300g은 소금물에 씻어 체에 밭쳐 키친타월 위에 올려 물기를 쏙 뺀다.

② 굵게 다진 파슬리 1은 물에 헹궈 물기를 꼭 짜서 빵가루 1/2컵과 섞는다.

③ 굴은 밀가루 1/4컵, 달걀물을 묻혀 반은 빵가루에 묻힌다.

④ 나머지 굴은 다진 파슬리를 섞은 빵가루를 묻힌다.

⑤ 170℃의 튀김기름에 굴을 바삭하게 튀겨 접시에 채썬 양배추와 함께 담는다.

⑥ 우스터 소스 1/4컵, 곱게 간 참깨 1/4컵, 토마토 1, 설탕 0.5, 간장 0.5, 맛술 0.5를 섞어 참깨 소스를 만들어 레몬과 함께 굴튀김에 곁들인다.

과일 편채와 돼지고기 안심

난이도 ★★★
2인분 [40분]

돼지고기 대신 쇠고기 사태를 사용해도 되는데 사태를 실로 묶어 조리하면 쉽게 모양을 낼 수 있다. 또 물에 삶는 대신 200℃의 오븐에서 30분 정도 익혀도 된다.

주재료
돼지고기(안심) 300g
마늘 2쪽
마른 고추 1개
대파 1/2대
통후추 약간
배 1/4개
사과 1/4개

밤 2개
대추 2개
생강·석이버섯·잣
약간씩

겨자 소스 재료
겨자 0.5
식초 1
설탕 1
소금 약간
연유 1
배즙 0.3

대체 식재료
돼지고기 ▶ 닭 가슴살
밤 ▶ 고구마

❶ 돼지고기는 안심으로 300g을 준비하여 마늘 2쪽, 마른 고추 1개, 대파 1/2대, 통후추 약간을 넣은 끓는 물에 삶아 돼지고기가 부드럽게 익으면 꺼내 냉장고에 넣어 차게 식힌 후 편으로 얇게 썬다.

❷ 배 1/4개, 사과 1/4개, 밤 2개, 대추 2개는 채썬다.

❸ 생강은 가늘게 채썰어 찬물에 담갔다 건지고 석이버섯은 뜨거운 물에 불려 돌돌 말아 곱게 채썰고 잣도 준비한다.

❹ 겨자 0.5, 식초 1, 설탕 1, 소금 약간, 연유 1, 배즙 0.3을 섞어 겨자 소스를 만들어 재료에 부어 섞는다.

❺ 접시에 얇게 썬 돼지고기를 모양내어 돌려 담은 후 겨자 소스로 버무린 과일채를 곁들인다.

삼색밀쌈

밀전병을 반죽할 때 밀가루와 물의 비율은 1:1.5가 적당하며 미리 반죽을 해두면 얇게 잘 부쳐진다. 또 겨자에 식초를 넣어 멍울이 지지 않게 잘 풀어준 후 나머지 재료를 넣어야 한다.

난이도 ★
2인분 | 40분

주재료
밀가루 1컵+1/2컵
물 2컵
시금치즙·당근즙 약간씩
소금 약간
쇠고기 50g
식용유 적당량

달걀 1개
소금·참기름 약간씩
오이 1/2개
당근 1/6개

쇠고기 양념장 재료
간장 0.3
다진 파 약간
다진 마늘 약간
참기름 약간
후춧가루 약간

겨자 소스 재료
겨자 0.5
식초 1
설탕 1
소금 약간
연유 1
맛술 1.5

❶ 밀전병 반죽을 만든다. 밀가루 1컵+1/2컵을 3등분하여 시금치즙, 당근즙을 넣어 물 2컵, 소금을 넣어 각각 반죽해서 얇게 부친다.

❷ 쇠고기 50g은 5cm 길이로 채썰어 분량의 간장 0.3, 다진 파, 다진 마늘, 참기름, 후춧가루를 약간씩 섞은 양념장에 재워서 팬에 볶는다.

❸ 오이 1/2개는 4cm 길이로 잘라서 돌려깎아 곱게 채썰고, 당근 1/6개도 4cm 길이로 곱게 채썬다.

❹ 팬에 오이와 당근을 각각 볶은 후 소금으로 간한다.

❺ 달걀 1개는 흰자와 노른자로 나누어 곱게 풀어 소금으로 간해서 부쳐 4cm 길이로 곱게 채썬다.

❻ 접시에 삼색 밀전병과 쇠고기, 당근, 오이, 황백지단을 보기 좋게 담고 겨자 0.5에 식초 1을 넣어 잘 풀고 설탕 1, 소금 약간, 연유 1, 맛술 1.5를 잘 섞어 겨자 소스를 만들어 함께 낸다.

사이좋은 탕평채

초간장은 먹기 직전에 버무려 먹어야 맛있다.

주재료
청포묵 1모
소금·참기름 약간씩
달걀 1개
김 1장
쇠고기 50g
미나리 50g
숙주 100g
식용유 약간

쇠고기 양념 재료
간장 1
설탕 0.3
다진 파 0.5
다진 마늘 0.3
참기름·깨소금 약간씩

초간장 재료
간장 2
식초 2
설탕 0.5

난이도 ★★★
2인분 | 40분

1 청포묵 1모는 얇게 포 떠서 곱게 채썬 후 끓는 물에 투명하게 데쳐 소금과 참기름에 버무리고, 달걀 1개는 지단을 부쳐 곱게 채썰고, 김 1장은 곱게 채썬다.

2 쇠고기 50g은 가늘게 채썰어 간장 1, 설탕 0.3, 다진 파 0.5, 다진 마늘 0.3, 참기름과 깨소금 약간씩에 양념하여 팬을 달구어 식용유를 두르고 볶아서 식힌다.

3 미나리 50g은 잎을 떼고 다듬어 4cm 길이로 자르고, 숙주 100g은 머리와 꼬리를 떼고 미나리와 숙주를 끓는 물에 각각 데쳐 소금과 참기름을 약간씩에 버무린다.

4 그릇에 재료를 담고 간장 2, 식초 2, 설탕 0.5를 섞어 곁들인다.

코다리 콩나물찜

주재료
코다리 1마리
미더덕 50g
소금 약간
콩나물 200g
미나리 50g
풋고추 · 홍고추 1/2개씩
대파 1/2대
바지락 1/2봉지
녹말물 2
통깨 · 참기름 0.5씩

양념장 재료
국간장 1.5
고춧가루 2
참치진국 0.5
청주 1.5
설탕 1
다진 마늘 1
후춧가루 약간

난이도 ★★☆
2인분 [40분]

1. 코다리 1마리는 내장과 지느러미를 제거해서 4cm 길이로 토막을 내고, 미더덕 50g은 소금물에 씻어 꼬치로 끝을 살짝 터뜨린다.

2. 콩나물 200g은 머리와 꼬리를 떼고, 미나리 50g은 잎을 떼고 적당한 크기로 썰고, 풋고추와 홍고추 1/2개씩, 대파 1/2대는 어슷하게 썬다.

3. 국간장 1.5, 고춧가루 2, 참치진국 0.5, 청주 1.5, 설탕 1, 다진 마늘 1, 후춧가루 약간을 섞고, 바지락 1/2봉지는 살짝 데쳐 조개살은 발라내고 국물은 걸러둔다.

4. 냄비에 코다리, 미더덕, 콩나물, 조개 삶은 물을 담고 끓여 어느 정도 익으면 양념장과 조개, 홍고추, 풋고추를 넣어 끓인다. 녹말물 2와 미나리를 넣어 한소끔 끓이고 통깨와 참기름을 0.5씩 뿌린다.

고등어 김치찜

고등어는 물에 씻어 물기를 키친타월로 말끔하게 제거해야 비린내가 나지 않는다.

난이도 ★★☆
2인분 | 40분

주재료

고등어 1/2마리
소금 약간
무 100g
묵은지 1/4포기
물 2컵
풋고추 1/2개
홍고추 1/2개
대파 약간

양념장 재료

고춧가루 1
국간장 0.3
맛술 1
다진 마늘 1
후춧가루 약간

고등어 1/2마리는 손질하여 칼집을 내고 반으로 자른 다음 소금을 살짝 뿌린다.

무 100g은 모양대로 도톰하게 썬다.

냄비 바닥에 무를 깔고 묵은지 1/4포기, 고등어를 담은 후 물 2컵을 붓고 끓인다.

고춧가루 1, 국간장 0.3, 맛술 1, 다진 마늘 1, 후춧가루 약간을 섞어 양념장을 만들어 ③에 넣어 졸인다.

풋고추 1/2개, 홍고추 1/2개, 대파 약간은 어슷썬다.

무가 부드럽게 익으면 풋고추, 홍고추, 대파를 넣어 양념장을 끼얹으며 익힌다.

길쭉길쭉 떡갈비

쇠고기와 돼지고기는 키친타월로 물기를 잘 제거하고 기호에 따라 스테이크 소스나 케첩을 곁들인다.

난이도 ★★☆
2인분 [40분]

주재료
가래떡 1줄
배추김치 2장
양파 1/4개
표고버섯 1개
식용유 적당량
쇠고기(다짐육) 200g
빵가루 약간

양념장 재료
간장 1
설탕 0.5
맛술 0.5
다진 파 1
다진 마늘 0.3
참기름 0.5
후춧가루 약간

대체 식재료
가래떡 ▶ 절편,
떡볶이떡

가래떡 1줄은 딱딱한 것은 물에 담가 부드럽게 불린다.

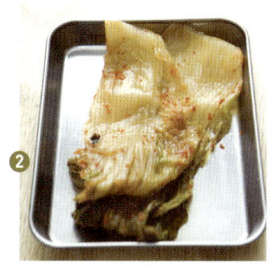

배추김치 2장은 속을 털어내고 물기를 제거한다.

양파 1/4개, 표고버섯 1개는 곱게 다져 팬에 볶아 식힌다.

볼에 쇠고기 200g, 간장 1, 설탕 0.5, 맛술 0.5, 다진 파 1, 다진 마늘 0.3, 참기름 0.5, 후춧가루를 약간 넣어 섞고 다진 양파와 표고버섯, 빵가루를 넣고 섞어 치댄다.

김발에 랩을 씌운 후 반죽한 쇠고기를 넓게 펴고 그 위에 배추김치와 가래떡을 올려 돌돌 만다.

200℃로 예열한 오븐에서 10~15분 정도 구운 다음 먹기 좋은 크기로 잘라 접시에 담는다.

우엉 들깨탕

국물을 끓일 때 한꺼번에 물을 많이 넣으면 국물이 진하게 우러나지 않으므로 물을 약간 넣어 진하게 우린 다음 나머지 물을 넣고 끓인다.

난이도 ★★
2인분 | 40분

재료

우엉 1/2대
양송이버섯 2개
표고버섯 2개
두부 1/4모
미나리 4줄기
들기름 2

다시마(5×5cm) 1장
물 5컵
국간장 0.5
들깻가루 1/4컵
조랭이떡 1/2컵
소금 · 후춧가루 약간씩

① 우엉 1/2대는 물에 씻어 칼등으로 껍질을 벗기고 먹기 좋은 크기로 어슷하게 썰거나 납작하게 썬다.

② 양송이버섯 2개, 표고버섯 2개는 먹기 좋은 크기로 썰고, 두부 1/4모는 노릇하게 지져 먹기 좋은 크기로 썬다.

③ 미나리 4줄기는 잎을 떼고 2cm 길이로 썬다.

④ 냄비에 들기름 2를 두르고 우엉을 넣어 향이 우러나도록 중간 불로 볶다가 표고버섯과 다시마 1장을 넣고 볶는다.

⑤ ④에 물 1컵을 붓고 센 불로 끓이다 끓으면 약한 불로 줄인다. 국물이 뽀얗게 우러나면 국간장 0.5를 넣고 나머지 물 4컵을 부어 끓인다.

⑥ 우엉이 부드러워지면 버섯, 두부, 들깻가루 1/4컵을 넣은 후 조랭이떡 1/2컵을 넣고 소금, 후춧가루로 간한다. 마지막에 미나리를 넣고 불을 끈다.

피시 앤 칩

홀그레인 머스터드는
거칠게 갈아서 만든
겨자이다. 씨겨자라고도
부르는데 식초와 향신료를
섞은 것으로 스테이크를
찍어 먹거나 소시지 등에
곁들이면 좋다.

난이도 ★★☆
2인분 [40분]

주재료

- 흰살 생선(동태 또는 대구) 200g
- 감자 1개
- 튀김기름 적당량
- 소금 · 후춧가루 약간씩
- 덧밀가루 약간

반죽 재료

- 밀가루(중력분) 1컵
- 녹인 버터 1
- 달걀노른자 1개분
- 소금 약간
- 물 2/3컵
- 바질 약간

마늘 소스 재료

- 올리브 오일 2
- 다진 마늘 1
- 홀그레인 머스터드 1
- 마요네즈 4

대체 식재료

- 홀그레인 머스터드 ▶ 머스터드

① 흰살 생선은 동태나 대구살로 200g을 준비하여 큼직하게 썰어 소금으로 밑간한다.

② 감자 1개는 흐르는 물에 조리용 솔로 깨끗하게 씻어 껍질째 웨지 모양으로 썬다.

③ 밀가루 1컵에 녹인 버터 1, 달걀노른자 1개를 넣고 소금으로 간한 후 바질을 약간 넣고 물 2/3컵을 부어 되직하게 반죽한다.

④ 튀김기름에 감자를 노릇노릇하게 속까지 튀겨서 기름기를 빼고 소금, 후춧가루를 뿌린다.

⑤ 흰살 생선에 덧밀가루를 살짝 묻혀서 밀가루 반죽을 입혀 170℃의 튀김기름에 노릇노릇하게 튀긴다.

⑥ 올리브 오일 2, 다진 마늘 1, 홀그레인 머스터드 1, 마요네즈 4를 섞어 마늘 소스를 만들어 튀긴 생선과 감자에 곁들인다.

오코노미야키

양배추는 샐러드용 양배추를 사용하면 질기지 않고 부드러운 맛의 오코노미야키를 만들 수 있다.

난이도 ★★
2인분 [40분]

주재료
양배추 2장
베이컨 2장
쪽파 2뿌리
밀가루 1/2컵
소금 약간
물 1/2컵

식용유 적당량
떡국떡 1/2컵
달걀 1개
가다랑어포
(가츠오부시) 2
파슬리가루 0.5

소스 재료
오코노미야키 소스 3
마요네즈 1

대체 식재료
밀가루 ▶ 부침가루
오코노미야키 소스 ▶
돈가스 소스

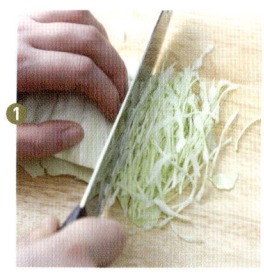

① 양배추 2장은 흐르는 물에 씻어 물기를 살짝 빼서 곱게 채썬다.

② 베이컨 2장과 쪽파 2뿌리는 3cm 길이로 썬다.

③ 밀가루 1/2컵에 소금 약간과 물 1/2컵을 넣어 골고루 섞는다.

④ 달군 팬에 식용유를 두르고 키친타월로 닦아낸 후 밀가루 반죽을 크레이프처럼 얇게 펴서 부친다.

⑤ 밀가루 반죽 위에 양배추, 베이컨, 떡, 쪽파, 달걀, 양배추 순으로 올린 다음 은근한 불로 부치다가 재료가 다 익기 전에 밀가루 반죽을 한 번 더 얇게 펴서 덮는다.

⑥ ⑤를 잘 뒤집어 오코노미야키 소스 3을 바르고 마요네즈 1을 뿌린 후 가다랑어포 2와 파슬리가루 0.5를 뿌린다.

두부 스낵

재료
두부 40g(1/4모)
달걀 1/3개분
밀가루 100g
설탕 30g
검은깨 2
튀김기름 적당량

대체 식재료
검은깨 ▶ 통깨

두부의 수분 함량에 따라 달걀의 양은 조금씩 조절한다.

난이도 ★★☆
2인분 [40분]

① 두부 40g은 도마에 올려 칼을 눕혀 으깬 다음 물기를 짜지 말고 그대로 볼에 담고, 달걀 1/3개를 넣어 섞는다.

② 밀가루 100g은 체에 내린 다음 설탕 30g을 넣어 골고루 섞고, 검은깨 2를 넣어 섞은 후 ①과 섞는다.

③ 반죽을 비닐팩에 넣어 10~15분 동안 그대로 둔다.

④ 반죽을 꺼내 도마 위에 놓고 밀대로 0.1cm 두께로 밀어 한 입 크기로 잘라 170℃의 튀김기름에 바삭하게 튀긴다.

재료

밀가루(박력분) 120g
소금 0.3
버터 3
잔새우 1컵
우유 1/4컵

진짜 새우 크래커

새우는 팬에 볶거나 오븐에 구워 비린내를 없앤 후 다져서 사용하면 더 좋다.

난이도 ★★☆
8인분 [40분]

밀가루 120g에 소금 0.3을 섞어 체에 친다.

버터 3은 실온에 두어 말랑말랑해지면 밀가루에 넣고 보슬보슬한 상태가 되도록 손으로 비벼 섞는다.

②에 잔새우 1컵을 섞은 후 우유 1/4컵을 부어 반죽하여 한 덩어리가 되면 길쭉한 막대 모양으로 만든다. 랩을 씌워서 냉동고에서 굳힌다.

냉동한 반죽을 0.2~0.3cm 크기로 얇게 썰어 오븐 팬에 담아 170℃로 예열한 오븐에서 10분 정도 굽는다.

허브 스콘

재료
밀가루 230g
베이킹파우더 15g
소금 2g
버터 55g
설탕 25g
다진 바질 1
우유 1/2컵
덧밀가루 약간
달걀 1개

대체 식재료
다진 바질 ▶ 파슬리

바질 대신 로즈메리나 타라곤, 파슬리 등의 향신료를 사용해도 좋으며 말린 허브를 사용할 때는 양을 줄이는 게 좋다.

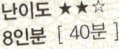
난이도 ★★☆
8인분 [40분]

① 밀가루 230g, 베이킹파우더 15g, 소금 2g을 섞어 체에 내린다.

② ①에 버터 55g을 넣고 손으로 비벼가며 고슬고슬한 가루가 될 때까지 섞어 설탕 25g, 다진 바질 1을 넣고 우유 1/2컵을 조금씩 나누어 넣어가며 부드럽게 반죽한다.

③ 작업대 바닥에 덧밀가루를 뿌린 후 반죽을 놓고 1cm 두께로 편다.

④ 반죽을 원형틀로 찍어서 윗면에 달걀물을 발라 200℃로 예열한 오븐에서 10분 정도 굽는다.

올리브 쿠키

재료
버터 190g
슈거 파우더 80g
우유 20㎖
밀가루(박력분) 240g
아몬드 파우더 130g
올리브 50g
설탕 약간

> 올리브는 물기를 잘 제거해서 넣고, 반죽을 휴지시킬 때는 완벽하게 밀봉해서 보관한다.

난이도 ★★☆
8인분 [40분]

1. 버터 190g은 실온에 두어 부드러워지면 슈거 파우더 80g을 넣어 버터가 하얗게 될 때까지 섞어 우유 20㎖를 섞고, 체 친 박력분 240g, 아몬드 파우더 130g을 넣어 고무주걱으로 섞는다.

2. 올리브 50g은 굵게 다져 반죽에 넣고 반죽을 한 덩어리로 뭉쳐 냉장고에서 1시간 이상 휴지시킨다.

3. 휴지한 반죽을 손으로 밀어 일정한 굵기의 가래떡 모양으로 만들어 유산지로 감싼 뒤 냉동고에 넣어 딱딱해질 때까지 냉동시킨다.

4. 냉동된 반죽을 꺼내 겉면에 설탕을 골고루 묻히고 0.7cm 두께로 썰어 오븐 팬에 일정한 간격으로 담아서 170℃로 예열한 오븐에서 15분 정도 굽는다.

50분 야참

Recipes 11

상큼한 돼지고기찜

돼지고기 레몬찜은 밥통에 넣거나 230℃의 오븐에서 30분 정도 익힌다.

재료

돼지고기(목살 또는 삼겹살) 150g
프랑크 소시지 4개
양파 1/4개
사과 1/4개
양배추절임 100g
마늘 2
레몬주스 1/4컵
설탕 1
소금 0.3
월계수 잎 2장
말린 바질 0.3

대체 식재료

프랑크 소시지 ▶ 햄
양배추절임 ▶ 양배추

난이도 ★★☆
2인분 [50분]

① 돼지고기는 목살이나 삼겹살로 150g을 준비하여 막대기 모양으로 큼직하게 썰고, 프랑크 소시지 4개는 반으로 자른다.

② 양파 1/4개와 사과 1/4개는 큼직하게 썬다.

③ 볼에 양파, 사과, 돼지고기, 프랑크 소시지, 양배추절임 100g을 얹어 레몬주스 1/4컵과 설탕 1, 소금 0.3, 월계수 잎 2장, 말린 바질 0.3을 넣어 섞는다.

④ 재료를 밥솥에 담아 취사 버튼을 누른다.

꽃게 커리볶음

재료
- 꽃게 1마리
- 물 1컵
- 맛술 1
- 양파 1/4개
- 피망 1/4개
- 버터 0.3
- 생크림 1/4컵
- 우유 1/2컵
- 카레가루 2

꽃게는 5월이 제철. 알이 꽉 찬 암게는 국물 요리에, 수게는 볶음 요리에 사용한다.

난이도 ★★☆
2인분 [50분]

① 꽃게 1마리는 솔로 문질러 닦아서 집게의 뾰족한 부분을 가위로 잘라내고 등 껍질을 떼어내고 4등분한다. 냄비에 물 1컵과 꽃게, 맛술 1을 넣고 삶아 체에 걸러 맑은 육수를 만든다.

② 양파 1/4개, 피망 1/4개는 큼직한 주사위 모양으로 썬다.

③ 냄비에 버터 0.3을 두르고 양파와 피망을 넣어 볶다가 꽃게 육수를 부어 끓인다.

④ 냄비에 삶은 꽃게를 넣어 끓이다가 생크림 1/4컵, 우유 1/2컵, 카레가루 2를 넣어 간을 맞춘다.

원할아버지 보쌈

삼겹살을 오븐에 익히지 않고 물에 삶을 때는 찬물에 마늘 2쪽, 통후추 약간을 넣어 끓이는데 삼겹살을 넣어 속까지 부드럽게 익도록 은근한 불로 30분 정도 익힌다. 이때 돼지고기의 누린내가 날 수 있으니 물에 통후추나 월계수 잎을 넣거나 된장을 한두 숟가락 넣어 끓이면 누린내가 나지 않는다.

난이도 ★★☆
2인분 [1시간]

주재료
삼겹살(덩어리째) 300g
양파 1/2개
대파 1대

삼겹살 밑간 재료
마늘 2쪽
청주 1
통후추 약간

겉절이 양념 재료
참치 한스푼 1
식초 1.5
고춧가루 0.5
설탕 1
물엿 1
다진 마늘 1
깨소금 0.3
참기름 0.5

대체 식재료
삼겹살 ▶ 목살

① 마늘 2쪽은 편으로 썰고, 청주 1, 통후추 약간과 섞는다.

② 삼겹살 300g은 ①로 밑간하여 20분 정도 재운다.

③ 양파 1/2개는 두툼하게 편으로 썰어 오븐 팬 바닥에 깔고 삼겹살을 얹어 200℃의 오븐에서 30~35분 정도 익힌다.

④ 삼겹살이 익으면 먹기 좋은 크기로 썬다.

⑤ 대파 1대는 5cm 길이로 채썰어 참치 한스푼 1, 식초 1.5, 고춧가루 0.5, 설탕 1, 물엿 1, 다진 마늘 1, 깨소금 0.3, 참기름 0.5를 섞은 양념장에 무친다.

⑥ 넓은 접시에 돼지고기와 대파 겉절이를 먹음직스럽게 담는다.

삼겹살 청경채찜

삼겹살 대신 목살을 이용해도 좋다.

난이도 ★★☆
2인분 [1시간]

주재료
삼겹살(덩어리) 300g
청경채 4포기
소금 약간

조림장 재료
간장 1/4컵
맛술 1/2컵
물 2컵
통후추 0.3
마른 고추 1개
마늘 2쪽
생강 약간

대체 식재료
청경채 ▶ 브로콜리,
시금치
맛술 ▶ 청주

삼겹살 300g은 덩어리로 준비하여 큼직하게 2~3등분 한다.

끓는 물에 소금을 넣고 청경채 4포기를 데쳐 찬물에 헹군다.

청경채를 데친 물에 삼겹살을 넣어 10분 정도 삶아 건진다.

냄비에 간장 1/4컵, 맛술 1/2컵, 물 2컵, 통후추 0.3, 마른 고추 1개, 마늘 2쪽, 생강 약간을 넣고 끓으면 데친 삼겹살을 넣어 은근한 불에 삶는다.

삼겹살이 익으면 건져 얇게 저민다.

남은 조림장은 식혀서 체에 걸러 건더기와 기름을 없앤다. 접시에 삼겹살과 데친 청경채를 담고 조림장을 따끈하게 데워 곁들인다.

사태 떡찜

사태찜이나 갈비찜은 은근한 불에 오래 끓여야 제맛이 난다. 사태 대신 갈비를 넣으면 갈비찜이 되는데, 갈비는 끓는 물에 살짝 데쳐 사용하면 좋다.

난이도 ★★★
4인분 [2시간 30분]

주재료
쇠고기(사태) 600g
가래떡 2줄
무(4cm 길이) 1토막
밤 5개
마른 고추 2개

쇠고기 삶는 물 재료
물 5컵
양파 1/2개
사과 1/2개
대파 1대
마늘 1통
생강 1톨

양념 재료
간장 5
설탕 2
물엿 2
맛술 2
참기름 · 후춧가루
약간씩

대체 식재료
무 ▶ 감자
사과 ▶ 배

243

❶ 쇠고기는 사태로 600g을 준비하여 잔 칼집을 낸 후 찬물에 1시간쯤 담가 핏물을 빼서 끓는 물에 살짝 데쳐 물기를 뺀다.

❷ 냄비에 물 5컵을 붓고 사태와 양파 1/2개, 사과 1/2개, 대파 1대, 마늘 1통, 생강 1톨을 통째로 넣어 사태가 부드러워질 때까지 1시간 정도 푹 끓인다.

❸ 가래떡 2줄은 한 입 크기로 자른다.

❹ 무 1토막은 밤 크기로 썰어 모서리를 다듬고, 밤 5개는 껍질을 벗긴다.

❺ 간장 5, 설탕 2, 물엿 2, 맛술 2, 참기름과 후춧가루를 약간씩 섞어 양념장을 만든다.

❻ 사태가 부드럽게 익으면 양파, 사과, 대파, 생강 건더기를 건져내고 양념장 절반, 무, 밤, 가래떡, 마른 고추 2개를 넣어 은근한 불로 끓인다. 국물이 졸아들면 나머지 양념장을 넣어 간을 보면서 졸인다.

두부와 부추김치

주재료
두부(큰 것) 1모
소금 약간
부치김치 적당량

부추김치 재료
부추 1단
멸치액젓 1/4컵
고춧가루 1/4컵
설탕 약간
검은깨 약간

밀가루풀 재료
물 1/2컵
밀가루 0.5

난이도 ★★☆
2인분 [1시간]

두부 1모는 큼직하게 썰어 끓는 물에 소금을 넣고 살짝 데쳐 건지고, 부추 1단은 누런 잎을 떼어내고 가지런히 모아 양손으로 줄기 부분을 잡고 흐르는 물에 살살 흔들어 씻어 물기를 뺀다.

부추에 멸치액젓 1/4컵을 넣어 10분 정도 절이는데, 중간에 한 번 뒤집어야 골고루 절여진다.

냄비에 물 1/2컵을 붓고 밀가루 0.5를 넣고 풀어 저어가며 끓이다 식힌 후 고춧가루 1/4컵, 설탕을 약간 넣어 고춧가루가 불도록 잠깐 둔다.

③에 부추를 절이고 남은 멸치액젓을 섞은 다음 부추를 넣어 가볍게 뒤적인 후 7~8줄기씩 길게 묶고 검은깨 1을 뿌려 두부에 곁들인다.

생선 레몬구이

주재료
생선(큰 것) 1마리
달걀흰자 1개분
굵은소금 1컵+1/2컵

생선 밑간 재료
청주 2
후춧가루 약간
레몬즙 1

대체 식재료
생선 ▶ 닭고기

생선은 통째 구워야 하므로 내장을 빼내고 비늘을 제거한다. 적당한 생선으로는 흰 살 생선인 도미, 우럭 등이 좋다.

난이도 ★★☆
4인분 [1시간]

① 생선 1마리는 내장과 지느러미를 제거한 후 깨끗이 씻어 청주 2, 후춧가루를 약간 뿌려 밑간한 다음 레몬즙 1을 골고루 뿌린다.

② 달걀흰자 1개는 거품기를 이용해 충분히 거품을 낸 후 굵은소금 1컵+1/2컵과 섞는다.

③ 오븐 용기에 생선을 담고 그 위에 달걀물을 섞은 소금으로 생선을 감싼다.

④ 200℃로 예열한 오븐에서 30분 정도 굽는다.

한국식 스테이크

쇠고기는 안심이나
등심으로 준비하고 양파,
당근, 셀러리 등의 향신 채소를
채썰어 뿌리면 맛이 좋다.
후춧가루 대신 통후추를 갈아
쇠고기를 재우면
더욱 맛있다.

난이도 ★★★
2인분 [50분]

주재료
쇠고기(안심 또는 등심)
2조각(약 200g)
소금·후춧가루 약간씩
풋고추 1개
표고버섯 1개
샐러드용 채소 50g

감자 1개
새송이버섯 2개
양겨자 0.5
식용유 적당량

발사믹 간장 소스 재료
올리브 오일 3
발사믹 식초 2
간장 1

대체 식재료
새송이버섯 ▶
느타리버섯, 양송이버섯

쇠고기 2조각은 안심이나 등심으로 준비하여 소금, 후춧가루를 뿌려 살짝 재운다.

풋고추 1개는 다지고, 표고버섯 1개는 곱게 채썰고, 샐러드용 채소는 찬물에 담갔다가 먹기 좋은 크기로 썰어 물기를 뺀다. 감자 1개도 곱게 채썰어 찬물에 담갔다가 건져 팬에 볶아 소금, 후춧가루로 간한다.

올리브 오일 3, 발사믹 식초 2, 간장 1을 섞어 발사믹 간장 소스를 만든다.

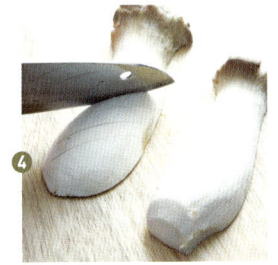

새송이버섯 2개는 반으로 썰어 칼집을 넣어 팬에 살짝 익혀 소금, 후춧가루로 간한다.

팬에 쇠고기를 살짝 익히고, 표고버섯을 볶는다.

쿠킹 포일에 쇠고기를 담고 양겨자 0.5를 바른 후 풋고추, 표고버섯, 감자 순으로 올려 200℃로 예열한 오븐에서 5분 정도 익힌다. 접시에 새송이버섯을 담고 스테이크를 올린 후 샐러드용 채소를 곁들이고 발사믹 간장 소스를 뿌린다.

불고기 키쉬

불고기 대신
시금치나 브로콜리를
듬뿍 넣어 채소 키쉬를
만들어도 된다.

난이도 ★★★
2인분 [1시간]

파이 반죽 재료
버터 60g
박력분 130g
달걀노른자 1개분
물 3
소금 약간
식용유 적당량

필링 재료
달걀 2개
우유 1컵
생크림 1컵
소금·후춧가루 약간씩

토핑 재료
쇠고기(불고기감) 100g
양송이버섯 3개
양파 1/4개
풋고추 1개
식용유 적당량
소금·후춧가루 약간씩
파르메산 치즈가루 1/4컵

불고기 양념 재료
간장 1
설탕 0.5
맛술 0.5
다진 파 0.5
다진 마늘 0.3
후춧가루 약간
참기름 0.5

❶ 버터 60g, 박력분 130g을 넣어 버터가 잘게 잘라지도록 스크레이퍼로 섞은 다음 달걀노른자 1개, 물 3, 소금을 약간 넣고 섞어 덩어리로 뭉쳐 냉장고에서 휴지시킨다.

❷ 달걀 2개는 잘 풀어 우유 1컵, 생크림 1컵을 넣어 섞고 소금, 후춧가루로 간해서 체에 내린다.

❸ 쇠고기 100g은 불고기감으로 준비하여 한 입 크기로 자르고 간장 1, 설탕 0.5, 맛술 0.5, 다진 파 0.5, 다진 마늘 0.3, 후춧가루 약간, 참기름 0.5를 섞어 20분 정도 재워서 팬에 볶는다.

❹ 양송이버섯 3개는 밑동을 잘라내어 모양대로 썰고, 양파 1/4개는 채썰고, 풋고추 1개는 어슷썬다.

❺ 팬에 식용유를 약간 두르고 양송이버섯, 양파, 풋고추를 살짝 볶은 후 소금, 후춧가루로 간한다.

❻ 파이 반죽을 0.2cm 두께로 밀어 포크로 공기구멍을 내고 토핑 재료인 불고기와 볶은 채소를 골고루 넣고 그 위에 ②의 필링 재료를 붓고 파르메산 치즈가루 1/4컵을 골고루 뿌려 170℃로 예열한 오븐에서 30~40분 정도 굽는다.

심심할 때 치즈 스틱

정확한 계량을 위해 계량스푼을 사용한다.

재료

밀가루(중력분) 180g
소금 1/2작은술
버터 200g
찬물 2큰술
덧밀가루 약간
올리브 오일 2큰술
달걀흰자 1개분
파르메산 치즈가루 1/3컵
소금 2작은술
검은깨 1큰술
파슬리가루 1큰술

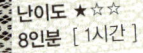

난이도 ★☆☆
8인분 [1시간]

① 밀가루 180g에 소금 1/2작은술을 섞은 다음 버터 200g을 넣고 콩알만한 크기로 잘게 자른 후 찬물 2큰술을 넣고 반죽한다.

② 반죽에 덧밀가루를 뿌리고 밀대로 밀어 넓은 직사각형으로 만들어 비닐팩에 담아 냉장고에서 15분 정도 휴지시킨다.

③ 반죽을 세 번 접어서 밀대로 0.5cm 두께로 밀어 올리브 오일 2큰술을 바르고 다시 세 번 접어 0.5cm 두께로 밀어 반죽 윗면에 달걀흰자 1개분을 바른다.

④ 파르메산 치즈가루 1/3컵, 소금 2작은술을 골고루 뿌린 후 검은깨 1큰술, 파슬리가루 1큰술을 고루 뿌린다. 칼로 1cm 크기의 길쭉한 막대 모양으로 잘라 200℃로 예열한 오븐에서 10~12분 정도 갈색이 나도록 굽는다.

기름기 없는 호떡믹스 고로케

주재료
- 찹쌀 호떡믹스 400g
- 이스트 4g
- 미지근한 물 250~280㎖
- 빵가루 1/4컵
- 식용유 적당량

소 재료
- 감자 1개
- 옥수수 알 2
- 완두콩 2
- 다진 당근 2
- 고베카레 3
- 소금 약간

대체 식재료
- 감자 ▶ 고구마

> 카레는 인스턴트 카레나 카레가루, 집에 남은 카레를 활용해도 된다.

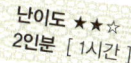
난이도 ★★☆
2인분 [1시간]

❶ 볼에 찹쌀 호떡믹스 400g과 이스트 4g, 미지근한 물 250~280㎖을 넣어 주걱으로 섞어 부드럽게 반죽한다.

❷ 감자 1개는 쪄서 곱게 으깨어 옥수수 알 2, 완두콩 2, 다진 당근 2, 고베카레 3을 넣어 섞은 후 소금으로 간을 맞춘다.

❸ 호떡 반죽에 소를 넣어 동그랗게 만든다.

❹ 반죽에 빵가루 1/4컵을 입혀 팬에 기름을 넉넉하게 두르고 노릇노릇하게 지진다.

Index

가나다순

★ 가

가자미찜 082
가지볶음 024
가지조림(입에 녹는 가지조림) 081
감자 속에 굴있다전 145
감자 칠리구이 048
감자 콩수프 129
감자 크로켓 198
검은깨죽(건강보험 검은깨죽) 043
고구마 팬케이크 199
고등어 김치찜 220
곡물 호박죽 123
골뱅이 무침과 소면 135
과일 채소 잡채(느끼하지 않은 과일 채소 잡채) 136
과일 편채와 돼지고기 안심 214
굴국밥(뜨거운데 시원한 굴국밥) 119
굴튀김과 참깨 소스 212
김치 우동 138
김치를 올린 소면 139
깍두기 토스트 039
껍질밤조림 172
꽁치구이 050
꽃게 커리볶음 237
꽈리고추 삼겹살구이 049

★ 나

나물김밥(모두 먹는 나물김밥) 116
낫토 비빔밥 022
냉메밀국수 141
녹찻물밥 오차즈케 023
누룽지(속풀이 누룽지) 031
누룽지(짭조름한) 204

★ 다

다이어트 샐러드 020
단호박 들깨무침 068
단호박전 150
달걀 김치오믈렛 131
달걀말이(이자카야 달걀말이) 100

달래 사과무침 069
닭가슴살 버섯구이 154
닭고기냉채 110
닭꼬치구이 055
닭봉조림 169
대파 쪽파 실파 피자 195
대파 참치꼬치
(한 꼬치 두 꼬치 대파 참치꼬치) 047
도토리묵 무침 070
돼지고기 된장구이 155
돼지고기찜(상큼한 돼지고기찜) 236
두부 돼지고기찜 164
두부 버섯볶음 184
두부 부추샐러드 111
두부 스낵 230
두부 조개찜 026
두부에 끼인 쇠고기구이 054
두부와 버섯 소스 074
두부와 부추김치 244
두유 샤브샤브 162
들깨와 땅콩강정 087
땅콩죽 124
떡갈비(길쭉길쭉 떡갈비) 222
떡구이(짭짤한 떡구이) 013

★ 라 · 마

레몬 주스에 절인 광어회 102
마 된장 샐러드 059
마늘구이 샐러드 060
말린 묵볶음 086
매시드 포테이토와 김치볶음 185
매실 오이냉국 075
매운 장떡(투 플러스 매운 장떡) 089
메밀총떡(총명한 메밀총떡) 151
명란을 채운 연근 078
명란젓 스파게티 132
모둠 치즈 032
모둠 타르트 105
묵은지 쌈밥
(연륜 있는 묵은지 쌈밥) 041
문어 간장 튀김 186
미역 된장죽 046
미역 옹심이 126

★ 바

배추전 147
뱅어포칩(뼈 건강 뱅어포칩) 103
버섯 떡갈비 156
버섯 샐러드
(아무 버섯이나 샐러드) 063
보쌈(원할아버지 보쌈) 238
북어 고추장구이 030
북어갈비 158
북어죽 044
불고기 키쉬 248
불고기꼬치 159
브로콜리 깨 된장무침 071
브리 치즈와 호두 033
비빔만두(짝퉁 비빔만두) 180
빙어구이(본전 뽑는 빙어구이) 051
뿌리채소 두부볶음 085

★ 사

사계절 회무침 181
사과칩(건성건성 사과칩) 034
사천탕면 143
사태 떡찜 242
삼겹살 청경채찜 240
삼색밀쌈 216
삼색전(주안상 삼색전) 148
삼치 마요네즈구이 153
새송이버섯 돼지고기조림 173
새우 샐러드 062
새우 실파 달걀볶음 083
새우 크래커(진짜 새우 크래커) 231
색색 카나페 205
생두부와 양념장 021
생선 레몬구이 245
서비스 샐러드 018
소바 채소샐러드 112
소시지 크레이프 194
쇠고기 오징어조림 170
쇠고기덮밥 118
수삼 봄나물냉채 076
술찜(바다향 술찜) 027
스위스 감자전 144
스테이크(한국식 스테이크) 246
시금치 깨 소스무침 072

시금치 조개죽 122
쌀국수볶음 134

★ 아

아욱 된장수제비 125
알탕(톡 톡 튀는 알탕) 160
애호박 납작만두 178
양반집 대추 수삼튀김 025
양배추볶음 017
양파 그라탱 200
양파튀김 088
어른 잡채 093
어묵꼬치(골라 먹는 어묵꼬치) 094
에그누들볶음 133
연근 죽염구이 053
연근절임에 싼 채소 079
연두부 달걀찜 101
연두부 명란젓찌개 096
연어 샐러드
(다크써클용 연어 샐러드) 066
열무김치 비빔 국수 140
오렌지 닭고기 샐러드 210
오이 와사비롤 067
오이 크림치즈샌드 104
오징어 버섯전 029
오징어 북어찜 166
오징어구이와 별미 마요네즈 028
오징어튀김 샐러드 114
오코노미야키 228
옥수수 살사와 스낵 099
옥수수전 092
올리브 오이샐러드 019
올리브 쿠키 233
올리브튀김과 토마토 소스 188
우럭찜(단아한 우럭찜) 165
우엉 들깨탕 224
유부 주머니
(속이 궁금한 유부 주머니) 168
일식당 주방장 음료
(마 요구르트) 035

★ 자

조개 미나리무침 073
조개 수프 130

조개 채소볶음 084
조개탕 095
주꾸미 삼겹살볶음 182
주먹밥
(3종 주먹밥 진지, 메, 수라) 211
짬뽕탕면 142

★ 차

참치 마요 주먹밥 042
참치 샐러드 064
참치 타워 189
찹스테이크 190
채소 라이스페이퍼롤 108
채소 피자
(아무나 만드는 채소 피자) 052
채소구이 샐러드 109
채소죽 045
청포묵무침 014
춘권구이 056
치즈 스틱(심심할 때 치즈 스틱) 250
치킨집 샐러드 016

★ 카

카레 수프 128
카레 우동 040
칼슘 샐러드 065
코다리 콩나물찜 219
콜리플라워구이 152
콩나물 사랑한다라면 098
콩나물국밥 120
콩조림(저칼로리 콩조림) 080
퀘사디아 196

★ 타

탕평채(사이좋은 탕평채) 218
토마토 강낭콩 샐러드 058
토마토 땅콩 샐러드 061
토마토 바질 냉채 015
토마토 소스와 바게트 피자 038
통고구마와 허브 버터 203

★ 파

표고버섯 나물전 090
표고버섯튀김

(황금 표고버섯튀김) 187
피시 앤 칩 226

★ 하

핫도그(뉴요커 핫도그) 202
해물 누룽지탕 174
해물 떡그라탱 176
해물파전(우리동네 해물파전) 146
해산물과 레몬 소금 177
해초 미역나물 077
해초 오징어냉채 115
햄 초밥 117
햄버그 스테이크 192
허브 갈릭치킨과 감자 208
허브 고갈비 057
허브 스콘 232
호떡(나도 호떡) 012
호떡믹스 고로케
(기름기 없는 호떡믹스 고로케) 251
홍합탕 097

요리 재료순

★ 육류

꽈리고추 삼겹살구이 049
닭가슴살 버섯구이 154
닭고기 냉채 110
닭꼬치구이 055
닭봉조림 169
돼지고기 된장구이 155
돼지고기 안심
(과일 편채와 돼지고기 안심) 214
돼지고기찜(상큼한 돼지고기찜) 236
두부 돼지고기찜 164
두부 쇠고기구이
(두부에 끼인 쇠고기구이) 054
떡갈비(길쭉길쭉 떡갈비) 222
보쌈(원할아버지 보쌈) 238
불고기 키쉬 248
불고기꼬치 159

사태 떡찜 242
삼겹살 청경채찜 240
새송이버섯 돼지고기조림 173
찹스테이크 190
한국식 스테이크 246
햄버그 스테이크 192
허브 갈릭치킨과 감자 208

★ 해산물 · 건어물

가자미찜 082
고갈비(허브 고갈비) 057
고등어 김치찜 220
광어회
(레몬 주스에 절인 광어회) 102
굴튀김과 참깨 소스 212
꽁치구이 050
꽃게 커리볶음 237
두부 조개찜 026
매실 오이냉국(미역) 075
문어 간장 튀김 186
바다향 술찜(바지락 미역) 027
뱅어포칩(뼈 건강 뱅어포칩) 103
북어 고추장구이 030
북어갈비 158
빙어구이(본전 뽑는 빙어구이) 051
삼치 마요네즈구이 153
새우 크래커(진짜 새우 크래커) 231
생선 레몬구이 245
쇠고기 오징어조림 170
수삼 봄나물냉채 076
알탕(톡 톡 튀는 알탕) 160
오징어 버섯전 029
오징어 북어찜 166
오징어구이와 별미 마요네즈 028
우럭찜(단아한 우럭찜) 165
우리동네 해물파전(해물파전) 146
조개 미나리무침 073
조개 채소볶음 084
조개탕 095
참치 타워 189
코다리 콩나물찜 219
피시 앤 칩 226
해물 누룽지탕 174
해물 떡그라탱 176
해산물과 레몬 소금 177

해초 미역나물 077
해초 오징어냉채 115
홍합탕 097
회무침(사계절 회무침) 181

★ 채소 · 버섯

가지볶음 024
가지조림(입에 녹는 가지조림) 081
감자 칠리구이 048
고구마 팬케이크 199
단호박 들깨무침 068
달래 사과무침 069
두부 부추샐러드 111
들깨와 땅콩강정 087
마 된장샐러드 059
마늘구이 샐러드 060
매시드 포테이토와 김치볶음 185
명란을 채운 연근 078
버섯 떡갈비 156
버섯 샐러드
(아무 버섯이나 샐러드) 063
브로콜리 깨 된장무침 071
뿌리채소 두부볶음 085
새우 샐러드 062
샐러드(다이어트 샐러드) 020
샐러드(서비스 샐러드) 018
소바 채소 샐러드 112
시금치 깨 소스무침 072
양배추볶음 017
양파 그라탱 200
양파튀김 088
연근 죽염구이 053
연근절임에 싼 채소 079
연어 샐러드
(다크써클용 연어 샐러드) 066
오렌지 닭고기 샐러드 210
오이 와사비롤 067
오이 크림치즈샌드 104
오징어튀김 샐러드 114
옥수수전 092
올리브 오이샐러드 019
올리브튀김과 토마토 소스 188
우엉 들깨탕 224
참치 샐러드 064
채소 라이스페이퍼롤 108

채소 피자
(아무나 만드는 채소 피자) 052
채소구이 샐러드 109
치킨집 샐러드 016
칼슘 샐러드 065
콜리플라워구이 152
콩조림(저칼로리 콩조림) 080
토마토 강낭콩 샐러드 058
토마토 땅콩 샐러드 061
토마토 바질 냉채 015
통고구마와 허브 버터 203
표고버섯 나물전 090
황금 표고버섯튀김 187

★ 콩·두부·두유

두부 스낵 230
두부와 버섯 소스 074
두부와 부추김치 244
두유 샤브샤브 162
생두부와 양념장 021
연두부 달걀찜 101
연두부 명란젓찌개 096

★ 달걀

달걀 김치오믈렛 131
달걀말이(이자카야 달걀말이) 100
새우 실파 달걀볶음 083

★ 쌀·떡

검은깨죽(건강보험 검은깨죽) 043
곡물 호박죽 123
굴국밥(뜨거운데 시원한 굴국밥) 119
나물김밥(모두 먹는 나물김밥) 116
낫토 비빔밥 022
녹찻물밥 오차즈케 023
누룽지(속풀이 누룽지) 031
누룽지(짭조름한 누룽지) 204
떡구이(짭짤한 떡구이) 013
묵은지 쌈밥
(연륜 있는 묵은지 쌈밥) 041
미역 된장죽 046
미역 옹심이 126
북어죽 044
쇠고기덮밥 118

시금치 조개죽 122
아욱 된장수제비 125
주먹밥
(3종 주먹밥 진지, 메, 수라) 211
참치 마요 주먹밥 042
채소죽 045
콩나물국밥 120
햄 초밥 117

★ 밀가루

감자 속에 굴있다전 145
감자 크로켓 198
깍두기 토스트 039
단호박전 150
대파 쪽파 실파 피자 195
매운 장떡(투 플러스 매운 장떡) 089
메밀총떡(총명한 메밀총떡) 151
배추전 147
비빔만두(짝퉁 비빔만두) 180
삼색밀쌈 216
삼색전(주안상 삼색전) 148
소시지 크레이프 194
스위스 감자전 144
애호박 납작만두 178
오코노미야키 228
올리브 쿠키 233
퀘사디아 196
토마토 소스와 바게트 피자 038
핫도그(뉴요커 핫도그) 202
허브 스콘 232
호떡(나도 호떡) 012
호떡믹스 고로케
(기름기 없는 호떡믹스 고로케) 251

★ 면류

골뱅이 무침과 소면 135
김치 우동 138
김치를 올린 소면 139
냉메밀국수 141
명란젓 스파게티 132
사천탕면 143
쌀국수볶음 134
에그누들볶음 133
열무김치 비빔 국수 140

잡채(어른 잡채) 093
짬뽕탕면 142
카레 우동 040
콩나물 사랑한다라면 098

★ 수프

감자 콩수프 129
조개 수프 130
카레 수프 128

★ 유제품

모둠 치즈 032
브리 치즈와 호두 033
일식당 주방장 음료
(마 요구르트) 035
치즈 스틱(심심할 때 치즈 스틱) 250

★ 기타

과일 채소 잡채
(느끼하지 않은 과일 채소 잡채) 136
껍질밤조림 172
대추 수삼튀김
(양반집 대추 수삼튀김) 025
대파 참치꼬치
(한 꼬치 두 꼬치 대파 참치꼬치) 047
도토리묵 무침 070
두부 버섯볶음 184
땅콩죽 124
말린 묵볶음 086
모둠 타르트 105
사과칩(건성건성 사과칩) 034
사이좋은 탕평채 218
색색 카나페 205
어묵꼬치(골라 먹는 어묵꼬치) 094
옥수수 살사와 스낵 099
유부 주머니
(속이 궁금한 유부 주머니) 168
주꾸미 삼겹살볶음 182
청포묵무침 014
춘권구이 056

국민
야참

초판 1쇄 | 2013년 7월 10일

지은이 | 이미경

발행인 겸 편집인 | 유철상
기획 · 책임편집 · 푸드 스타일링 | 조경자(travelfoodie@naver.com)
사진 | 황승희
일러스트 | Sugartree
디자인 | 유혜영
교정 | 홍주연
마케팅 | 조종삼

펴낸 곳 | 상상출판
주소 | 서울시 동대문구 용두동 790번지 롯데캐슬 피렌체 상가 3층 306호
구입 · 내용 문의 | 전화 070-8886-9892~3 팩스 02-963-9892
이메일 cs@esangsang.co.kr
등록 | 2009년 9월 22일(제305-2010-02호)
찍은곳 | 다라니

※ 가격은 뒤표지에 있습니다.

ISBN 978-89-94799-51-3 (13590)

※ 이 책은 상상출판이 저작권자와의 계약에 따라 발행한 것이므로
   본사의 서면 허락 없이는 어떠한 형태나 수단으로도 이용하지 못합니다.
※ 잘못된 책은 구입하신 곳에서 바꿔드립니다.

www.esangsang.co.kr